中国百年影像档案

1909 京张铁路 下

【清】詹天佑 【清】谭景棠 摄 孙健三 编著

浙江摄影出版社

全国百佳图书出版单位

图书在版编目（ＣＩＰ）数据

　　1909：京张铁路. 下 /（清）詹天佑，（清）谭景棠
摄 ；孙健三编著. -- 杭州 ：浙江摄影出版社，2022.10
　　（中国百年影像档案）
　　ISBN 978-7-5514-3779-0

　　Ⅰ．①1… Ⅱ．①詹… ②谭… ③孙… Ⅲ．①铁路线
路－史料－华北地区－图集 Ⅳ．①F532.7-64

中国版本图书馆CIP数据核字(2022)第065339号

目 录

图版及解说文字

■ 1. 怀来河56号桥由西首北面侧望景

　　照片右下角印有标题"怀来河56号桥由西首北面侧望景"。题图是照片标题的截图，"桥"字上方的苏州码子读作"五十六号"。这幅照片拍摄的机位在桥的西北。

懷來河鐵橋由西首北面側望景

■ 2. 怀来河56号桥南面正视景

　　照片右下角印有标题"怀来河56号桥南面正视景"。题图是照片标题的截图，"桥"字上方的苏州码子读作"五十六号"。这幅照片拍摄的机位在桥的南面。

懷來河紅橋橋南面正視景

■ 3. 怀来车站

　　照片上没有印标题。

　　照片的内容为京张铁路开通后怀来车站的站房。站房正面最高处的匾上自右至左是横写的汉字大字"怀来车站"，下面自左至右是横写的威妥玛拼音"HUAILAI"，右首是竖写的汉字小字"光绪戊申秋季"，左首是"关冕钧书"。

4. 怀站水塔*

照片右下角印有标题"怀站水塔"。该水塔位于怀来车站一侧。

* 这张照片中的"水塔"和上册照片 67、照片 86 标题中的"上水塔",应指的是同一种建筑。

■ 5. 郎山72号桥

 　　　照片右下角印有标题"郎山72号桥"。题图是照片标题的截图，"桥"字上方的苏州码子读作"七十二号"。附图是该桥的桥标碑，碑上黑底白字的苏州码子读作"七十二"。该桥位于今天北京市康庄镇与河北省张家口市之间。

■ 6. 五营梁玉带沟73号桥

照片右下角印有标题"五营梁玉带沟73号桥"。题图是照片标题的截图，"桥"字上方的苏州码子读作"七十三号"。该桥位于今天张家口市以东。

■ 7. 老营洼75号桥

照片右下角印有标题"老营洼75号桥"。题图是照片标题的截图，"桥"字上方的苏州码子读作"七十五号"。这座桥位于今天张家口市以东。

■ 8. 土木西沙河76号桥

　　照片右下角印有标题"土木西沙河76号桥"。题图是照片标题的截图，"桥"字上方的苏州码子读作"七十六号"。该桥位于今天张家口市以东，一共13孔。

■ 9. 小土木寨过马车天桥

照片右下角印有标题"小土木寨过马车天桥"。

照片中，蒸汽机车正牵引着列车行驶在一条沟谷中的轨道上，机车上方有一座可以容马车通过的天桥。

太平溝竻橋

■ 10. 太平沟77号桥

照片右下角印有标题"太平沟77号桥"。题图是照片标题的截图，"桥"字上方的苏州码子读作"七十七号"。

古老的太平沟村位于张家口市东面，村里流传着许多有趣的故事。太平沟77号桥即建在该村不远处。

■ 11. 沙城东沙河78号桥

　　照片右下角印有标题"沙城东沙河78号桥"。题图是照片标题的截图，"桥"字上方的苏州码子读作"七十八号"。

　　拍摄这幅照片时，正赶上河流的枯水期，可见桥下干涸的河床。沙城东沙河的位置在今张家口市怀来县境内，距张家口市区不远。

■ 12. 沙城车站

这幅照片的右下角没有印标题。

站房正面最高处的匾上自右至左是横写的汉字大字"沙城车站"，下面自左至右是横写的威妥玛拼音"SHACHENG"。匾的右首是竖写的汉字小字"光绪戊申秋季"，左首是"关冕钧书"，下有印章两方。站匾上方，象征清朝廷的龙旗随风飘扬。站房前，站长背手站在中间，两名铁路警察各肃立于一边。门廊中，左、右两侧各有长条凳，以备乘客候车时歇息。

沙城镇今天是张家口市怀来县县政府所在地，距北京市约110千米，距张家口市约80千米。

新保安監工住房

■ 13. 新保安监工住房

照片右下角印有标题"新保安监工住房"。

照片里的这组建筑当时专供京张铁路的监工居住，铁路就从建筑前方经过。

新保安镇今天位于张家口市怀来县西部，是怀来县第二大镇，距北京市约130千米，距张家口市约70千米。

14. 鸡鸣驿87号桥

照片右下角印有标题"鸡鸣驿87号桥"。题图是照片标题的截图，"桥"字上方的苏州码子读作"八十七号"。

拍摄这幅照片时，恰赶上河流的枯水期，桥下的河床干涸。

鸡鸣驿是一处建于明代的驿站遗存。驿城占地22万平方米，城墙周长1891.8米，墙体底宽8—11米，顶宽3—5米，高11米，四周有4个角台，整座驿城颇为宏伟壮观。

今天的鸡鸣驿位于洋河北岸鸡鸣山下的鸡鸣驿村内，距北京市约150千米。该遗存是国内保存最好、规模最大、最富有特色的邮驿建筑群之一，具有重要的历史、艺术、科学价值，被誉为邮驿考古、机要考古的一座"活化石"。照片里的这座铁路桥，当时就建在鸡鸣驿村不远处。

■ 15. 鸡鸣驿88号桥

照片右下角印有标题"鸡鸣驿88号桥"。题图是标题的截图，"桥"字上方的苏州码子读作"八十八号"。这座桥位于鸡鸣驿87号桥西不远处。

16. 鸡鸣驿碴厂

照片右下角印有标题"鸡鸣驿碴厂"，其中的关键是"碴厂"二字。

这两个字当时的用法和今天不同。"碴"字的用法上册照片79中已有详细叙述，此处不再赘述。而照片里露天的"厂"，今天一般称为"场"，它的用法与上册照片79中的用法有所不同，笔者不知为何有此差异。

开采适于加工制造成"道碴"的坚硬岩石并将其人工破碎，是很艰苦的工作，因为无论严寒还是酷暑，都只能在露天进行。

照片里，左侧的轨道是京张铁路的主干道，右侧的轨道是通向"碴厂"的岔道。这座"碴厂"，离既有历史又有故事的鸡鸣驿不远，故名"鸡鸣驿碴厂"。

平

雞鳴驛碴廠

■ 17. 佛爷洞洋灰砖道坡

照片右下角印有标题"佛爷洞洋灰砖道坡"。

佛爷洞的位置在鸡鸣驿与下花园之间，一条即便是在枯水季节也水势滔滔的大河在此拐了一个大弯。不巧的是，由于种种原因，京张铁路必须紧贴这条河修筑，因此铁路路基被冲刷与侵蚀得十分厉害。为了保护路基，詹天佑采用了以进口高标号水泥制成大块洋灰砖（"洋灰"是当时对进口高标号水泥的叫法）铺筑在道坡上的方法。

照片里，可见铁路轨道上正跑着列车。照片放大后，还可清晰地看见路基道坡下半部分铺着的大块洋灰砖。

附图一是照片中部偏上部分的局部放大，可见河道拐弯处和随地形拐弯的路基，还可见路基上的列车和已经铺上洋灰砖的路基道坡。

附图二是该照片左侧偏上部分的局部放大，可见上水塔、机车房和下花园车站的站房。

佛爺洞洋灰磚道坡

■ 18. 油黄沟97号桥

照片右下角印有标题"油黄沟97号桥"。题图是照片标题的截图，"桥"字上方的苏州码子读作"九十七号"。这座桥位于当时下花园车站的不远处。

油黄沟今天叫"邓槽沟梁"，位于张家口市崇礼区内，因重大考古发现——邓槽沟梁遗址而名扬国内外。

附图中，大家熟悉的轧道车停在桥面正中处，车上和车旁都不见大家熟悉的撮（摄）影大跟班。两位头戴西洋旅行帽、手持西洋文明棍、脚蹬中国传统官靴的铁路员司，一位穿着长袍马褂立于左侧桥墩上，另一位穿着白衣白裤立于中间的桥墩上。三名操车的工人一人立于车上，两人立于桥面上，一起潇洒地看着镜头。

黄土沟等桥

027

■ 19. 鸡鸣山煤矿枝（支）路与干路相接处

照片右下角印有标题"鸡鸣山煤矿枝路与干路相接处"。

这幅照片记录了詹天佑在修筑京张铁路时的一个故事：詹天佑在勘测京张铁路时经过鸡鸣山，看到这一带产煤。当时是蒸汽机车时代，驱动列车的燃料就是煤。为了便于就地为运行在京张铁路上的列车提供燃料，他专门设计了这条支路，用于运煤。清宣统元年（1909），京张铁路通车，鸡鸣山煤矿支路也在此时建成。

这条支路连接了鸡鸣山煤矿的矿井井口和下花园车站。在建设时，工人们遇到了一个问题：矿井井口的海拔比下花园车站要高出百余米。对于一条全长仅3千米出头的铁路来说，这样的坡度实在太陡。于是，詹天佑把支路分成两段：地势较缓的一段长2.225千米，是标准轨线路；靠近矿井井口的一段长0.792千米，设计成双线窄轨铁路。这有效地解决了坡度过大造成的一系列问题。鸡鸣山煤矿出产的煤全部通过支路运至下花园车站的货场。京张铁路通车后，京张铁路局接管并开始经营鸡鸣山煤矿。1912年至1916年，鸡鸣山煤矿的年产量从2万吨增至4万吨。后来，因为煤质比较差，加上蒸汽机车不再被使用，鸡鸣山支路也于1935年被拆除，实际一共使用了26年。

附图是照片中心偏左部分的局部放大，可看见左侧"54号欧节机车"牵引的列车在干路上行驶，右侧是大大高于干路路基的支路路基，路基末端是下花园车站的上水塔、机车房和站台。照片标题所说的"相接处"，指的就是照片中低路基和高路基相连接的地方。细看附图中列车最后一节车厢旁，还有油黄沟97号桥的桥标碑。

■ 20. 下花园车站

照片右下角没有印标题。

照片内最高处飘扬着象征清朝廷的龙旗，龙旗下可见"下花园车站"5个横写的汉字。汉字下方，自左至右是横写的威妥玛拼音"HSIAHUAYUAN"。站匾右首是竖写的汉字小字"光绪戊申秋季"，左首是"苍梧关冕钧书"字样，下有印章两方。"下花园"因辽代萧太后、辽圣宗耶律隆绪曾在此建过上、中、下三个花园而得名，如今，下花园、上花园地名尚存。

照片里，站房正门洞上悬挂彩色条幅和两盏宫灯。站房前站立着8人：居中者左手拄西洋文明棍，右手持礼帽恭立；5名穿制服的铁路警察和2名员工一起紧张地看着镜头。

■ 21. 下花园沙河98号桥

照片右下角印有标题"下花园沙河98号桥"。题图是照片标题的截图,"桥"字上方的苏州码子读作"九十八号"。这座桥位于下花园车站不远处。

22. 金龙口99号桥

照片右下角印有标题"金龙口99号桥"。题图是照片标题的截图，"桥"字上方的苏州码子读作"九十九号"。

这座桥有多达17个桥墩、18个桥孔，因此建成之初就得名"十八孔桥"，流传至今。

■ 23. 蛇腰湾西洋灰砖道坡

照片右下角印有标题"蛇腰弯西洋灰砖道坡"。

由中华工程师学会编写、1916年12月出版的《京张铁路工程纪略》第36—37页《路线》部分记载："第九段路线自鸡鸣驿南橛号4410号起，至响水堡东橛号4870号止，长约26华里（约13千米）。其间峰回路转，河水湍流，测勘路线惟（唯）有循崎岖之山坡，遵洋河之险岸耳。是以绕鸡鸣驿山嘴转折而北，经佛爷洞以达下花园。建筑站厂，以存车辆。更由此处出枝（支）路，以转输鸡鸣山煤矿之煤。由是而金龙口、上花园、蛇腰湾、老龙背等处，悉皆劈石填河，沿山敷轨。每当伏，雨水发，怒涛汹涌，卷石拔树，工程艰巨不减第四段之关沟也。"蛇腰湾的位置在老龙背以东不远处。这段铁路沿洋河修筑，"悉皆劈石填河"。由于它的一边是湍急的洋河，一边是陡峭的大山，地形情况复杂，因而筑路工程艰巨。铁路在这儿拐了个大弯，所以该地得名"蛇腰湾"。

附图中可见，左侧是陡峭的山峦，右侧，枯水季节依旧湍急的洋河在此拐了一个大弯。铁路路基道坡的下半部分，已经铺上了用进口高标号水泥制成的大块洋灰砖。路基上和路基道坡下，还有成群的工人正在作业。

蛇腰灣西劈山填河并洋灰磚道坡

■ 24. 蛇腰湾西劈山填河并洋灰砖道坡

照片左下角印有标题"蛇腰湾西劈山填河并洋灰砖道坡"。

附图一中可见，工人们正在陡峭的崖壁上艰难地进行"劈山"作业。

附图二中可见，工人们正把劈下来的石块用挑筐挑到路基靠河一侧倾倒以填河。

蛇腰灣東洋灰磚河底并禦石牆

■ 25. 蛇腰湾东洋灰砖河底并御石墙

照片右下角印有标题"蛇腰湾东洋灰砖河底并御石墙"。

附图一是照片右侧部分的局部放大,可见京张铁路路基道坡下的洋河河底已经铺上了成片的大块洋灰砖。

附图二是照片左侧部分的局部放大,可见路基左侧的峭壁与路基连接处用石块砌筑的预防山石下滑的石砌防御墙。

照片中还可以看到成排的电线杆子,这些杆子给孙明经后来的纪实摄影带去了有益的启示。

■ 26. 老龙背开山并洋灰砖道坡

照片右下角印有标题"老龙背开山并洋灰砖道坡"。

我们常常听到这样一句话:"逢山开路,遇水架桥。"詹天佑修筑京张铁路时从勘查选线到设计施工,在从下花园到老龙背的13千米间,所遇到的困难可不是那么好解决的——不仅要开山,要架桥,要填河,还要在河底和道坡上铺筑大面积的洋灰砖,其土石方开挖与移填工程总量之巨大与艰难,仅次于关沟。

附图一是照片中心偏左侧部分的局部放大。可见一座山被生生地劈成了两半,路基与轨道从其中穿出,一台欧节机车的前端两侧,分别自豪地站立着一位着白衣白裤和长袍马褂的路局官员。

附图二是照片中心稍右部分的局部放大,可见道坡的最下方已经铺了大面积的洋灰砖。

今天想想,在清朝末年,积贫积弱的我国能在这么艰难的条件下,完全依靠国人自己的智慧与力量,设计修筑成京张铁路,实在是太不容易了啊!

■ 27. 响水堡东山沟104桥

 照片右下角印有标题"响水堡东山沟104桥"。题图是标题的截图，"桥"字上方的苏州码子读作"一百零四"。

响水堡今名响水铺。此处山高沟深，每到雨季常有洪水咆哮而来，到东山沟时必狠狠地撞击照片中右侧的石壁，每每发出巨响，然后拐弯而去，该地由此得名。此地古来仅有一处驿站，清光绪二十六年（1900），八国联军侵占北京，慈禧太后携光绪帝西逃，七月廿七（公历8月21日）辰时，从鸡鸣驿启銮，行30里（15千米）至响水驿打尖。太后和皇帝大老远从京城到此深山荒沟又吃又喝又歇息，消息一传开，此处渐渐也聚了些人气，成为一个远近闻名的小山村。

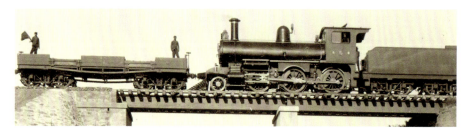

附图是停在桥上的由摩格尔机车与一节碴车组成的短列车。为了拍摄好这幅照片，詹天佑专门调来一节火车头停在桥上，使照片的构图和内容看起来丰满厚重。碴车上，一首一尾站着两名工人，他们都看着镜头。机车司机也透过车窗看着镜头。

响水堡東山溝以橋

■ 28. 十段工程司处人员

　　照片右下角印有标题"十段工程司处人员"。

　　在京张铁路的建成、通车、运营过程中，最令詹天佑感到自豪的是，他亲自为国家培养了数量可观的铁路专业人才。这幅照片里，最前面的6个人就是十段的"工程司"（工程师）。后方左边是2名手持新式拴动后装步枪的铁路警察。那辆大家熟悉的轧道车的车上车下，或站或坐着5名操车的工人。再后边，工程司处的围墙前还站着3名工人。

十段工程司處人員

■ 29. 泥河子110桥

 照片右下角印有标题"泥河子110桥"。题图为标题的截图，"桥"字上方的苏州码子读作"一百一十"。

泥河子村今天位于张家口市宣化区境内。照片里，桥上是大家都熟悉的轧道车，撮（摄）影大跟班谭景棠不在车上，也不在车边。几名操车的工人都站在车上，远远地看着镜头。

30. 宣化府车站

照片上没有标题。

今天的宣化是河北省张家口市所辖的一个区，位于张家口市区东南约30千米处，境内阴山、太行山山系巍峨，洋河、桑干河蜿蜒，山川秀美。宣化历史悠久，战国至秦汉属上谷郡，晋太康年间属广宁郡，南北朝时期属永丰郡。唐龙纪元年（889）设文德县，为武州治。辽时改武州为归化州，金时改为宣德州。元中统四年（1263），始置宣德府。明洪武三年（1370），朱元璋改宣德府为宣府。明洪武二十六年（1393），置前卫、左卫、右卫，派兵将把守。明洪武二十七年（1394），扩建宣府城，边长"六里十三步"，周长达12千米。次年，谷王朱橞就藩，宣府成为边防重地。明正统五年（1440），城垣上包上了砖，6年后竣工，城高池深，气象雄伟。清康熙三十二年（1693），废宣府卫所，取宣扬教化之意，改置宣化府，宣化由此得名，府、县治所均在宣化城内。因其为北京城以西第一座府城，人称"京西第一府"。

京张铁路通车时，宣化府车站是其中的大站，站房正面七间开面，很是气派。站房顶上，象征清朝廷的龙旗高高飘扬。龙旗下，站房正面最高处有一横匾，匾正中是詹天佑亲自书写的"宣化府车站"5个汉字，汉字下方写有威妥玛拼音"HSUANHUAFU"。站匾右首是竖写的汉字小字"宣统元年长夏"，左首是"詹天佑书"，下有印章两方。

站房正门洞前，站长身穿官衣，两名未持武器的铁路警察恭立在站长两侧，三人目光炯炯地看着镜头。门廊内，左、右两侧各有供乘客候车时歇息的长条凳，左侧门廊内还有体量很大的磅秤。

吊橋河上橋

31. 吊桥河116桥

　　照片左下角印有标题"吊桥河116桥"。题图是照片标题的截图，"桥"字上方的苏州码子读作"一百一十六"。

　　该桥位于今天张家口市宣化区境内。照片上，看不见大家熟悉的轧道车和撮（摄）影大跟班。

　　附图中可以看见，桥上站着两位头戴西洋旅行帽的铁路局员司。

清水河ノ橋

■ 32. 清水河117桥

照片右下角印有标题"清水河117桥"。题图一是照片标题的截图，"桥"字上方的苏州码子读作"一百一十七"。题图二是桥头右侧的局部放大，该桥的圆头桥标碑上黑底白字的为苏州码子，读作"一百一十七"。

今天的清水河发源于张家口市崇礼区，贯穿全市，把市区分为东、西两个部分，全长109千米，在市区南部的清水河村西南方向汇入洋河，最后流入官厅水库。照片里的这座铁路桥，横跨清水河，京张铁路由此通向其终点张家口车站。

吊桥河上桥

■ 33. 吊桥河116桥

　　照片右下角印有标题"吊桥河116桥"。题图是标题的截图，"桥"字上方的苏州码子读作"一百一十六"。该桥位于今天张家口市宣化区境内。

　　照片上，看不到大家熟悉的轧道车和撮（摄）影大跟班。

　　附图中，桥上站着两名头戴西洋旅行帽的铁路局员司，他们正远远地看着镜头。桥面上有工人正蹲着干活，桥下也有工人在干活。

　　这幅照片和照片31拍摄的是同一座桥，只是机位不同。

■ 34. 沙岭子孤山片石厂

照片右下角印有标题"沙岭子孤山片石厂"。

沙岭子今天位于张家口市宣化区沙岭子乡境内，距北京约200千米，110国道、京包铁路及丹拉高速公路横贯其域。"片石"是詹天佑给予修筑道路和桥梁护坡时使用的坚硬岩石块的名称。所谓"片石厂"，就是开采加工这种坚硬岩石块的采石场。

附图是照片中部偏左部分的局部放大，左下可见从片石厂前拐出去的道岔向右和京张铁路的主干道汇合。附图中还可以看到成堆的已经加工完成的片石堆，电线杆子就矗立在石堆前。

照片右下角印有标题"沙岭子车站远景"。

照片中可见，数名工人正在路基上和轨道间维护作业。轨道右侧，有4名路人好奇地观望，他们不知道这一群工人正在干什么。

照片中还可以看见沙岭子车站的水塔、井房，还能远远地看见车站站房和田野中的一排电线杆子。这幅照片为我们提供了观看京张铁路周边风景的广阔视野。

沙嶺子車站遠景

■ 36. 沙岭子水塔*及井房

照片右下角印有标题"沙岭子水塔及井房"。

照片35和照片36所记录的视角开阔的景象，为今天的读者提供了一个感受当年詹天佑把铁路修筑到此处时，心情豁然开朗的机会。从关沟的步步险山险水，到下花园至老龙背的一路"劈山填河"，多么不容易呀！终于，铁路修筑至沙岭子了，眼前是一片无边际的开阔地。试想，当詹天佑把照相机架设在这几个机位上，从照相机的磨砂玻璃中看到这一片无边的旷野上镶嵌着自己带领工人们建成的车站、铁路、水塔时，心情该是多么畅快喜悦呀！

附图是照片左侧部分的局部放大。图中，右边是车站的站房，站房前是由3条轨道组成的列车停车场，中部是轨道进入停车场的道岔。另外，细看可见一排电线杆子由近至远排列。孙明经老师曾教导笔者：电线杆子不断地在《京张路工撮影》照片中出现，它告诉我们，京张铁路为中华民族带来的绝不仅仅是交通运输上的便捷，更在中华大地上开启了以电报、电话传播信息的崭新时代。

---

* 这张照片中的"水塔"和上册照片67、照片86标题中的"上水塔"，应指的是同一种建筑。

沙嶺子水塔及井房

■ 37. 沙岭子车站

照片右下角印有标题"沙岭子车站"。

拍摄这幅照片时，照相机与车站站房的距离已经比照片35和照片36近了许多，不过就其景别来说，依旧可以划入远景。詹天佑的本意就是要把沙岭子车站放在一个视野宽广的背景中。平坦辽阔的原野上，镶嵌着铁路与车站，远处层层山峦相叠。

站房的屋顶上，高高飘扬着象征清朝廷的龙旗。站房的最高处依旧是车站的站匾，詹天佑亲笔书写了"沙岭子车站"的站名，汉字下面自左至右书写有威妥玛拼音"SHALINGTZU"。站匾右首以汉字小字竖写"宣统元年长夏"，左首竖写"詹天佑书"，下有印章两方。站房前，站长身边一左一右各站了3名员工，均远远地看着镜头。

沙嶺子車站

■ 38. 张家口涵洞

　　照片右下角印有标题"张家口涵洞"。

　　这幅照片中的涵洞，已经位于京张铁路的终点张家口境内。在照片的右上角，大家熟悉的轧道车上，既看不到熟悉的撮（摄）影大跟班，也看不到操车的工人们，也许大家都不屑与这么一个小涵洞合影吧。

■ 39. 张家口车站站房

照片拍摄于清宣统元年（1909）9月24日，没有印标题。

这幅照片的主体是张家口车站的站房，看不到背景。当时的张家口车站，是京张铁路干线全线13个车站中最气派的一座，也是《京张路工摄影》所收录的全部照片里，拍摄得最气派敞亮的建筑。13个车站的站房中，只有张家口车站的站房有9个门洞。

照片里，象征清朝廷的龙旗在车站顶上高高飘扬，车站建筑的最高处横挂着詹天佑亲笔书写的站匾，上有"张家口车站"5个汉字，汉字下面自左至右横写着英文大字"KALGAN"。KALGAN是张家口的英文译名，源自蒙古语发音，意译为"敞开的大门"，音译为"喀拉干"。这里自古就是中蒙、中俄以及中欧贸易的进出口口岸，羊毛、皮革、茶叶、丝绸、粮食等货物的进出口贸易总量大得惊人。

细看照片里车站的9个门洞，每个门洞上都有11面各国国旗，这是一种被称为"万国旗"的装饰旗帜，最右的一个门洞外还有两面交叉的龙旗。除此之外，左数第四个门洞的左侧、右数第四个门洞的右侧还各插着一面龙旗。站房前有3名铁路警察在站岗。

可以清晰地看见，站匾的内容。一座很大的用绢花和各种材料制成的规格极高的彩色蟠龙牌楼立在中间的3个门洞前。4条蟠龙，两上两下，拱卫着站匾。无论是对于这座车站，还是对于这块站匾的书写者詹天佑来说，在只有皇帝才能以龙为配的大清帝国的疆域内，这样的规格无疑是高得不能再高了。

張家口停車場

40. 张家口停车场

照片拍摄于清宣统元年（1909）9月19日，右下角印有标题"张家口停车场"。

附图一是照片中部偏上部分的局部放大。清宣统元年（1909）7月4日，京张铁路铺轨至张家口。9月19日，邮传部验收整条线路并举行茶会。9月24日晨，全线开通，载邮传部官员及各国使团和新闻界参观代表从南口出发，下午至张家口车站，称"观成"，即"请大家观看京张铁路取得的种种成功"之意。

铁路和火车，对于当时居住在张家口的老百姓来讲，实在是前所未见的新鲜事物。不论远近，人们纷纷闻风赶来"看新鲜"。一时间，张家口车站站房前后及停车场周边人头攒动，好不热闹。

附图二是对张家口车站停车场的局部放大。清代末年，住在张家口的男人们背后都拖着长长的大辫子，他们正匆匆忙忙地从各处赶来，步入车站停车场看热闹。

附图三是照片中心偏上部分的车站停车场的局部放大。这里堆积着各种货物，细看，还有人正忙碌地在装车或卸车。在整幅照片里，这个位置的下面是一块很大的空地。看清这个后，便能体会到詹天佑如此精心安排这幅照片构图的用心——铁路刚刚修通，货物贸易便已经热火朝天地开展了，车站停车场为迎接更多的贸易准备了更大的空间。

修建京张铁路时，詹天佑采取的是修成一段就开通一段的运营策略。铁路一开始运行，沿途的货物和人员的流通就活跃起来。附图四是照片最左侧部分的局部放大，可以看到，车站停车场旁及停车场的轨道边，满载货物的驴队正扬起一路灰尘。

■ 42. 摩格尔机车

　　照片右下角印有标题"摩格尔机车"。京张铁路建成并开始全线运营时，摩格尔机车是火车头中的主力，它的重量和马力仅次于马力机车，运营的区间却比马力机车长得多。

■ 41. 马力机车

照片右下角印有标题"马力机车"。

马力机车，即马莱机车。最初的型号叫"马莱I型"，产自英国，产地移往美国后开始出现马莱II型、马莱III型和马莱IV型。这种火车头是当时全世界体量最大、重量最重、马力最大的。一般的火车头无论大小，一侧仅1个汽缸和3个驱动轮，两侧便一共是2个汽缸和6个驱动轮。马力机车每侧就有2个汽缸和6个驱动轮，两侧便一共是4个汽缸和12个驱动轮，分别是普通火车头汽缸和驱动轮数量的2倍。因为这种火车头的重量特别重，至1937年七七事变前，全中国虽有铁路近万千米，但仅有南口至康庄这一段20多千米长的铁路能承受得了马力机车的运行。若其行驶到南口以南，或康庄以北，就会压垮桥梁，危及车上乘客的生命安全。

附图是孙明经于1937年6月30日在南口火车站停车场拍摄的马莱IV型机车的驾驶楼，可见驾驶楼的车窗下有一块很大的铜牌，上铸有"这种火车头非常重大，只准在南口康庄一段之间来回驶行。因在南口以南及康庄以北，所有的桥梁力量不足，都承受不住这种重大车头。要是擅行驶用，必至压塌桥梁，损坏车头、车辆，伤及生命，非常危险，切告切告"的字样。

摩格爾機車

■ 43. 欧节机车

　　照片右下角印有标题"欧节机车"。
　　欧节机车和后一张照片中的播得威机车是京张铁路全线所有的火车头中体量和马力较小的。它在京张铁路中的定位是"跑近路，拉得轻"，因此，它的身后没有煤车，只在车头的后部，留了一个小小的煤箱。机车个头虽然不大，这幅照片里入镜的人员却多达8人，有工人，也有技术人员。

歐節機車

■ 44. 播得威机车

照片右下角印有标题"播得威机车"。

京张铁路全线通车开始运营时，照片里的这个火车头虽然在个头、重量和马力上都和欧节机车一样，属于比较小的，然而，在全线所有的火车头中，它却拥有"拿摩温"（No.1）的老大地位——它是京张铁路的第一号机车。

附图一中可见一名头戴西洋礼帽、身穿白色衣裤、脚蹬官靴的高个子男

士，他就是第一位在京张铁路上开火车的司机。他左侧的车身上有一块标牌，标牌内容为"京张铁路"，右侧的车身上有一个阿拉伯数字1，即"拿摩温"。他是个"牛人"，最牛的一点就是在火车头上干活，即使穿一身白衣白裤，也从不沾一个黑点，"干净利索"是他带徒弟的第一要求。附图左边的车头末尾，有一个个头很小的煤箱。附图左下角，有一个凸出的构件，这就是让洋人赞叹的詹尼车钩。

附图二就是当时世界上最先进的詹尼车钩，也称"詹尼自动车钩"。它最早是由美国工程师Janney发明并以自己的名字命名的。詹天佑在美国留学期间，亲见这种自动车钩的好处，回国后，在修铁路时，他便提出建议，应在全国推广使用这种先进的自动车钩。但由于这种车钩的价格比旧式车钩贵出许多，他的这一建议并未能被采纳。詹天佑担任京张铁路总工程司以后，得到第一任总办陈绍常、路局总务关冕钧的支持，他们决心让京张铁路全线所有机车和车辆全部用上詹尼车钩。当京张铁路全线通车运营，邀请各国外交官和新闻界人士一起观成时，各国洋人中懂铁路的明白人看到这条完全由中国人自己主持、融资、勘探、设计、施工、运营的铁路干线上，所有车辆使用的都是詹尼车钩时，不由得大为惊叹。因为在当时，即便是在欧美发达国家，也没有一条铁路能做到全线所有车辆上都使用詹尼车钩的。

播得威機車

■ 45. 头等客座

　　照片上没有印标题。附图一是照片左端车厢左首部分的局部放大，可见"头等客座"4个汉字及一行英文"FIRST CLASS"，指的即如今的头等舱。

　　附图二是照片中部车厢上部的局部放大，左为阿拉伯数字44，右为苏州码子，读作"四十四"。这是这节头等客车车厢的编号，即这是第44号客车车厢。

　　当年，京张铁路全线开始运营时，就拥有了这种世界上头等的、第一流的、高级的客车车厢。

■ **46. 头等花车**

照片右下角印有标题"头等花车"。

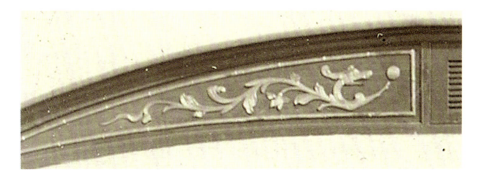

这节车厢的左右首车顶两侧各有一条纯黄金做成的"花龙"作为特殊装饰，附图是放大的"花龙"。这龙是皇家的标志，表明这是一节专为皇家人员出行预备的车厢。

整个车厢外部，除"京张铁路"4个汉字和"P.K.R"3个英文字母（京张铁路的英文缩写）之外，看不到其他文字标志。

■ 47. 包车

照片右下角印有标题"包车"。

附图一是车厢中间上部的局部放大。第一行深色底白色字，左侧为阿拉伯数字39，右侧为苏州码子，读作"三十九"。第二行3个英文字母"P.K.R"为京张铁路的英文缩写，意即这节车厢是京张铁路的第39号客车车厢。

附图二是车门旁上部的局部放大。这里钉着一块深色底白色字的英文标牌，字样为"PRIVATE CAR"，翻译成汉语即"私人车厢"。当时，这种为私

人出行预备的专车，是经过精心设计的：右首车门为双扇门，左首车门为单扇门；全车厢共有6扇车窗，其中3扇为双联窗，3扇为单窗，并且有5扇是百叶窗，这些细节凸显了这节车厢的私密性。

包車

■ 48. 头等客座

照片没有印标题。

附图一是车厢中间上部的局部放大。深色标牌左侧的白字是阿拉伯数字43，右侧的苏州码子读作"四十三"，和下面的"P.K.R."一起说明这节车厢是京张铁路第43号客车车厢。

照片45中，我们已经看到了头等客座车厢的外观，这幅照片则着重展示了其车首部分。任何一位从此登上头等客座的贵客，只要有心，都可看到这块标有苏州码子的牌子。詹天佑虽为留美学子，骨子里的那份中国情结却始终未改。车首踏板下突出的构件就是著名的詹尼车钩。为避免有人把詹尼车钩误认为是詹天佑的创造发明，他专门把它译为"郑氏车钩"。

这节车厢两端有两扇门，各有两个门把手，附图二展示的是其中的一端。这是因为在当时，凡乘头等客座车厢的乘客，男客登车时必须走左门，女客登车时必须走右门。

■ 49. 二等客座

照片没有印标题。

照片里，车厢左首和右首的最上处，都钉有一大一小两块深色标牌，大标牌上的白色汉字为"贰等客座"，小标牌位于其下，是以白色英文书写的"SECOND CLASS"，意为"二等车厢"。附图一为标牌的截图。

附图二是车厢中间上部的局部放大，可见深色标牌上左为阿拉伯数字36，右为读作"三十六"的苏州码子，下方为京张铁路的英文缩写P.K.R，说明此为京张铁路第36号客车车厢。

■ 50. 三等客座

照片没有印标题。

照片里，车厢左首和右首最上处，都钉有一大一小两块深色标牌，大标牌上的白色汉字为"三等客座"，小标牌位于其下，是以白色英文书写的"THIRD CLASS"，意为"三等车厢"。附图一为标牌的截图。

附图二是车厢中间上部的局部放大，可见深色标牌上左为阿拉伯数字25，右为读作"二十五"的苏州码子，下方为京张铁路的英文缩写P.K.R，说明此为京张铁路第25号客车车厢。

■ 51. 铁棚车

照片右下角印有标题"铁棚车"。

附图一是铁棚车车门的局部放大，可见上面有一行英文字母"BAGGAGECAR"，意为"行李车厢"或"邮件车厢"，下一行汉字为"行李车"。在《京张路工撮影》上、下卷全部的照片中，这种铁棚车多次出现，有时是载人的，有时是客货混载的。

附图二和附图三分别是写在车厢左、右两侧的阿拉伯数字149和其对应的苏州码子。这是当时，这辆铁棚车在京张铁路上的编号。

■ 52. 马车

照片右下角印有标题"马车"。

这是一节专门用于运输马匹的车厢。附图一是画面左侧用喷漆喷在车厢厢壁上的阿拉伯数字220，附图二是画面右侧其对应的苏州码子。这是当时，这节车厢在京张铁路上的编号。

■ 53. 货车

照片右下角印有标题"货车"。

这是一节用于运输货物的敞篷车厢。附图一是画面左侧用喷漆喷在车厢厢壁上的阿拉伯数字176，附图二是画面右侧其对应的苏州码子。这是当时，这节车厢在京张铁路上的编号。

■ **54. 碴车**

　　照片右下角印有标题"碴车"。

　　车厢中部，左侧用喷漆喷有阿拉伯数字41，右侧对应地喷有苏州码子。这是当时，京张铁路上这节碴车的编号。其下的一块车壁板上，则敲有钢印的"京张铁路"4个汉字。

礁車

■ 55. 平车

照片右下角印有标题"平车"。

在这节平车的车皮上，找不到该车的编号，仅附图中的下梁上印有"京张铁路"4个汉字和其英文缩写"P.K.R."。

这种平车是专为运输不需要车厢的大型货物，例如坦克、桥梁构件等而设计的。

平車

■ 56. 猪车

照片右下角印有标题"猪车"。

附图一是车厢左侧厢壁的截图，可见阿拉伯数字193、京张铁路的英文缩写"P.K.R."和竖写的汉字"京张铁路"。

附图二是车厢右侧的局部放大，为苏州码子，读作"一百九十三"。

附图三是车厢左侧下半部分的局部放大。"TARE 6T25 TONS"翻译成汉语意为"本车厢空重6吨，载重量25吨"。

这是一节专门用于运输生猪的车厢，当时，在京张铁路上的编号为193。京张铁路上每一节载货的车厢，都会在适当位置上用喷漆喷上这些标志。

■ 57. 守车

照片右下角印有标题"守车"。

当时，全世界货运列车的尾部都必须附挂一辆守车。货运列车运行时，会在守车上配备一名运转车长，以负责行车安全。守车的构造类似棚车，设有能够观察列车整体运行情况的瞭望窗和行车安全设备。它不装载货物，仅供运转车长、司机及货运工等少数人员工作和休息，车体比较短小，运行平稳性较好。守车的种类有很多，当时的守车为两轴车，后来改用四轴车。今天的货运列车已不再配备守车，它的职能已经转移到火车头上。

《京张路工摄影》下卷中，从照片41《马力机车》开始，到照片57《守车》为止，用17幅照片展示了当时京张铁路上运行的各种火车头和客车、货运车厢。这些照片的拍摄都在南口车站停车场一带。

■ 58. 京门枝（支）路起点

照片左下角印有标题"京门枝路起点"。

附图是照片中心的局部放大，内容为竖在京门枝（支）路起点处的标牌，它的位置在西直门车站南侧，车公庄站分岔处。京门枝（支）路，也称"京门铁路"，是詹天佑主持建造的京张铁路的辅助铁路，清光绪三十二年（1906）开工。其自西直门站南侧车公庄站分岔，一路向西经五路站、西黄村站、苹果园站，直至三家店站、门头沟站。修建这条支路的目的，是为了将门头沟煤矿生产的煤炭运抵西直门站，供京张铁路上运行的蒸汽机车做燃料。

京門枝路起點

■ **59. 七贤村涵洞**

　　照片右下角印有标题"七贤村涵洞"。这个涵洞位于今天北京市海淀区花园桥
地铁站附近，当时，它是京门铁路上距起始点最近的一个涵洞。

■ 60. 旱河5号桥

照片右下角印有标题"旱河5号桥"。这座桥位于今天北京市海淀区旱河路，当时，它是京门铁路从起点开始算的第一座铁路桥梁。

题图是照片标题的截图，"桥"字上方的苏州码子读作"五号"。附图是立在桥头路基上的圆顶桥标碑，碑上的白字为苏州码子"五"。

■ 61. 北辛安9号桥

 　照片右下角印有标题"北辛安9号桥"。
　　这座桥位于今天北京市石景山区北辛安路。题图是照片标题的截图，"桥"字上方的苏州码子读作"九号"。

北辛安跨橋

62. 麻峪11号桥

照片右下角印有标题"麻峪11号桥"。题图是照片标题的截图，"桥"字上方的苏州码子读作"十一号"。

这里依山傍水，颇有几分景致。

麻峪卞号橋

■ 63. 三家店车站

照片没有印标题。

三家店车站建成于1908年，即清光绪三十四年（戊申年），今天隶属于北京铁路局石景山车务段。这座车站位于今天三家店村东老店，现不存，已迁至门头沟区与石景山区交界处。

照片里象征清朝廷的龙旗高悬，龙旗下可见站匾上从右至左横写有大个的汉字"三家店车站"。站匾右首书写着小个竖排汉字"光绪戊申孟夏"，左首竖写"苍梧关冕钧书"，下有印章两方。

■ 64. 永定河12号桥

照片右下角印有标题"永定河12号桥"。题图是照片标题的截图,"桥"字上方的苏州码子读作"一十二号"。

永定河12号桥今天被称为"京门铁路桥",位置在三家店村以南,距永定河的出山口不远。1937年被日军占领后,桥西头北侧建立了高大坚固的炮楼。如今,在炮楼北面的平台上,有关部门立有石碑,对永定河12号桥做了介绍,节录碑文如下:"京门铁路桥建于1907年,横跨永定河,长216.6米,拱8孔,桥墩高7.63米,为我国最早钢架铁路桥梁之一,钢架产自英国DALZELL钢铁厂,是清末北京早期工业文明的标志。"

我国自古农业文明发达,农民靠天吃饭。风调雨顺,是农民最大的愿望。因信奉龙王掌管云雨,所以,广大的农业地区,到处都有龙王庙。根据北京市档案馆编的《北京寺庙历史资料》,中华人民共和国成立前,北京城区和近郊仅登记在册的龙王庙、龙王堂就有80余座。一般凡有河的地方必有龙王庙,北京的永定河、潮白河、温榆河,沿河都建有不止一座龙王庙。

附图是照片中左侧山腰部分的局部放大,图中的建筑即龙王庙。

■ 65. 永定河12号桥

照片右下角印有标题"永定河12号桥"。题图是照片标题的截图，"桥"字上方的苏州码子读作"一十二号"。照片65的拍摄位置与照片64是相对的。

照片中看不到大家熟悉的轧道车和摄（摄）影大跟班。

附图是左侧第一桥孔和第二桥孔交界的桥面位置的局部放大，可见3名站立者正远远地看着镜头。

■ 66. 门头沟车站

　　照片没有印标题，拍摄的是门头沟车站站房、站长、员工，还有全副武装的铁路警察卫队。

　　门头沟以西是京西的群山，该地自古为北京城和西部、北部辽阔区域交通的要冲，有"京西古道"和"京西贾道"道口以及"枢驿"的地位，"贾道"即贸易之路，"枢驿"即"交通枢纽驿站"的意思。京门铁路通车后，无论是运货还是载人，都变得又快又安全又舒适。因而，以门头沟为中心，各种靠运输为业的人，经营大大小小骆驼队、骡马队、驴队的人，靠卖力气吃脚力饭的人等，还有在贾道上以偷窃打劫为生的劫匪、以为商旅当保镖为生"吃镖局饭"的人，全被砸了饭碗。这些人或联合起来或各自行动，对铁路进行了各种破坏。面对这种局面，詹天佑效法美国太平洋铁路上以保路为目的建立铁路警察和铁路卫队的做法，在门头沟车站组织建立了一支以护路为目的的铁路警察卫队，并为他们装备了当时世界上最好的步兵武器——拴动后装步枪。附图中，6名手持新式步枪，脚踏西式软牛皮靴，头戴西式礼帽，腰配牛皮子弹盒，穿统一制服的卫兵即属于这支卫队，这也是我国最早的铁路警卫队。站在最右侧，腰佩指挥刀的是这支卫队的指挥官。

　　门头沟车站的站房上，高高挂着象征清朝廷的龙旗，旗下站匾上为关冕钧书写的"门头沟车站"5个字。站匾右首书写着小个竖排汉字"光绪戊申孟夏"，左首竖写"关冕钧书"，下有印章两方。

　　门头沟除了盛产煤炭外，还盛产优质的建筑用石材。这座车站即以当地的石材为主而建造，这体现了詹天佑的建筑思想——能就地取材的一定就地取材。

■ **67. 沙河车站**

　　在《京张路工摄影》中，沙河车站是唯一的出现了两次的车站，笔者不知是何缘故。

播德威機車

■ 68. 播德威机车[*]

照片右下角印有标题"播德威机车"。

照片里的这辆播德威机车，和照片44里的并不是同一辆。照片44里的播德威机车的编号是1号，这一辆是32号。虽然同为播德威机车，但这两辆不是同一型号，照片中的这一辆个头要大得多。1号车是小型机车，32号车要大一号。

附图一是32号播德威机车，附图二是1号播德威机车，两相对比，一大一小一目了然。

照片中的这辆播德威机车和后面照片69中的北英机车同属短途机车，在京门铁路上的用途是把从门头沟煤矿坑口煤场上挖出的煤运到西直门车站货场或南口车站货场。

---

[*] 照片44作"播得威机车"，是由于翻译不同所致，实质上是同一种机车。此处按标题表述，下同。

■ 69. 北英机车

照片右下角印有标题"北英机车"。

照片中的这台北英机车和照片68中的播德威机车同属短途机车，运行线路、功用也相同，都是为了运煤。

北英機車

■ 70. 张垣观成商界欢迎

　　照片右下角印有标题"张垣观成商界欢迎"。

　　这幅照片由詹天佑确定镜头、焦距、光圈的参数和机位、构图及拍摄内容，由谭景棠操机曝光。当时的相机没有快门，曝光以开合镜头盖的方式实现。因为相机本身和镜头都没有可调光圈，拍摄的内容又是很大的场面，为得到较大景深，只好选用极小光圈的镜头进行较长时间的曝光。这幅照片原定的任务是记录张垣观成商界欢迎的场面，却由于一个名叫张翠翠的16岁女孩出人意料地闯入画面，谭景棠临时改变了操机完成曝光的时机。最终，这幅被孙明经命名为"中国纪实摄影课程范作一号标本甲"的照片诞生了，它也成为中国摄影史和世界摄影史中，"不可能有二"的绝代极品佳作。

　　这位苦命的女孩虽然只有16岁，但在1909年的张家口名气很大，不仅因为她身姿窈窕曼妙、面容姣好，更因为她有一双被称为"天下第一小脚"的脚。她不仅擅舞，还会翻各种筋斗，做高难度的杂技动作。最难得的是，据说她能在人的手掌上翩翩起舞，使观者神醉，甚至还能在酒瓶的瓶口上起舞翻飞，因而也被人们称为"瓶口飞"。后来，她被一位能文能武、仪表堂堂、因善于经营而家资丰厚的张举人买作小妾。

　　这一天，京张铁路终点张家口车站举办观成大典，张举人携美妾前来凑个热闹。"天下第一小脚"的意外到达，对于大批前来观成的人们来说，实在是一个大大的意外。于是，人群骚动了，人们争看"天下第一小脚"的场面出现了。

　　谭景棠被这意外的场面惊着了，在望远镜里，他清楚地看到了张翠翠那窈窕轻盈的身姿和可人的面容。当时，张翠翠已经走到人群正中，再不拍，这千载难逢的机会就要消失了！但因当时用的是极小光圈的镜头，必须要有足够长的时间才

能准确曝光。如何把握曝光时机，才能使"天下第一小脚"在数以千计的人群中清晰且一眼可辨？谭景棠当机立断，选择在张翠翠和丈夫同时在两条铁轨间落下一只脚的瞬间打开镜头盖，在两只一大一小、对比悬殊的脚再次抬起之前，他不失时机地合上了镜头盖，完成了这幅曝光不足的照片的拍摄。在冲洗时，使用高浓度、高温的显影液对底片进行"强显"，这幅照片就诞生了。

　　1909年，是我国2000多年封建社会终结的前夜。

　　1909年，铁路是什么？是先进的科学与技术，是大工业的代名词。

　　1909年，小脚又是什么？那是可悲的陋俗呀！

　　孙明经老师曾教导笔者，张翠翠罕见的小脚和其丈夫的大脚，同时踏在那时中华大地的铁轨之间，这意味着什么？这是封建社会最后的挽歌呀！科技与工业化大潮冲垮了我国最后一个封建王朝，就在这幅照片拍摄的2年后，统治中国几千年的君主专制制度被推翻，民主共和的理念深入人心。

　　以下内容，依据孙明经老师的教导整理：

　　1936年，蔡元培、陈裕光、魏学仁、郭有守、宗白华等恩师安排孙明经在第二年秋季于金陵大学（今南京大学，下同）Communication（今译作传播学）的课程框架下，开设"中国纪实电影与纪实摄影"课程。经过一年多的筹备，孙明经做好了开课的准备。恩师们强调，课程使用的范作，必须要有相当比例是中国人在中华大地上拍摄的。

　　1937年七七事变后，日军侵华的脚步日渐加快。秋季开学以后，局势越发紧张，于是学校将西迁提上日程，"中国纪实电影与纪实摄影"课程的开设被迫暂时搁置。

　　1938年，西迁入川后，因抗战需要，人才极缺，金陵大学在当年招生开课。孙明经选了《京张路工摄影》中的两幅纪实摄影照片，分别命名为"中国纪实摄影课程范作一号标本A"和"中国纪实摄影课程范作一号标本甲"。

"中国纪实摄影课程范作一号标本A"（见本书上卷照片8）是中国大产业工人诞生后的第一幅群体照，清晰地记录了我国第一代有文化、掌握西方先进科学技术本领、懂规矩、守规矩的大产业工人的模样。照片里，包括正二品的詹天佑在内的技术官员的影像全部是虚的，而建造京张铁路的工人们的影像则全部是实的！在这幅照片拍摄的12年后，中国工人阶级的先锋队——中国共产党诞生了！

"中国纪实摄影课程范作一号标本甲"记录了"天下第一小脚"张翠翠突然出现在京张铁路终点站张家口站的观成典礼现场，人群为之骚动的场景。裹小脚是古代的一种陋俗，这幅照片表现了科技大潮与封建社会的强烈对比。1911年，辛亥革命爆发，大清王朝覆灭，中华几千年文明历史从此开启崭新篇章。

这两幅"中国纪实摄影课程范作一号标本"，不仅标志着"中国纪实电影与纪实摄影"课程在金陵大学的开创，同时也承载了中国新闻摄影学和中国传播学的全部学理DNA。

在这两幅纪实摄影照片里，蕴含了以下学科的内容：

中国传播哲学（中国新闻摄影哲学）、中国传播经济学（中国新闻摄影经济学）、中国传播法学（中国新闻摄影法学）、中国传播教育学（中国新闻摄影教育学）、中国传播文学（中国新闻摄影文学）、中国传播历史学（中国新闻摄影历史学）、中国传播理学（中国新闻摄影理学）、中国传播工学（中国新闻摄影工学）、中国传播医学（中国新闻摄影医学）、中国传播农学（中国新闻摄影农学）、中国传播军事学（中国新闻摄影军事学）、中国传播管理学（中国新闻摄影管理学）、中国传播艺术学（中国新闻摄影艺术学）。

这两幅纪实摄影照片均由詹天佑摄影，谭景棠操机。

附图一是照片中心位置的局部放大，可见张举人携小妾张翠翠步入观成人群中，他们身边的人们，都把目光聚焦在张翠翠的那只小脚上。请注意看，照片中，张翠翠和其丈夫两个人的身体和头部都是虚的。

附图二中，在两条铁轨中间，张举人和张翠翠的左脚左腿是虚的，右脚右腿都是实的，一只大大的脚，和旁边的小脚形成了强烈的对比。看到此处，实在是不能不赞叹谭景棠随机应变能力强且摄影技术高超了。

附图三是照片右部的局部放大，可见两个小脚女人。而她们身边的人，没有一个看向她们的，他们都把目光投向不远处的张翠翠，还有人从她们身边跑向张翠翠。

附图四是照片左部的局部放大，可见一群人把目光投向不远处的张翠翠。

孙明经老师曾教导笔者，我们中华民族在漫长的历史岁月中，多少年来在科学技术、经济、军事上都是排头兵，为什么后来会落后？原因有很多，其中很重要的一个就是对人性的禁锢与束缚。把女人健康的脚缠成小脚，就是典型的例子。尤其是清代，汉族女子缠足风气大兴，对于这种残酷的非人道现象的欣赏、赞美，必然把我们引向深渊。1911年以后，整个中华大地上开始开展大规模的"放足"和"还我天足"运动，彻底推倒了对女人小脚的审美追求。在这之后，平等的思想蓬勃发展起来。

孙明经老师强调，詹天佑小小年纪被容闳带到美国，在那里，他不仅学习了科技知识，亲见了铁路给予美国经济、科技、大工业发展的推动作用，更亲见了工人对铁路、火车的操控，小小年纪便已经朦朦胧胧地明白了"没有铁路工人，铁路和火车将不存在"的道理。他住在校长家里，那里的女人们全部都是"天足"，身边就没有欣赏小脚的审美习俗。

孙明经老师说，上卷的照片7和照片8，是整部《京张路工撮影》的纲领，它引导我们在阅读、欣赏这部照片集时，去体会詹天佑最感自豪的部分——京张铁路为我们的国家和民族造就了一支由中国人自己培养的铁路工人队伍。这支队伍的建立，宣告了中国大产业工人群体的诞生。而照片70，则是整部《京张路工撮影》审美的最高潮，是京张铁路背负的真正使命的宣言——科学技术和工业化的大潮，在中华大地上必将摧枯拉朽，为整个社会带来巨大的变革。

■ 71. 张家口车站观成

照片右下角印有标题"张家口车站观成"。

京张铁路全线工程终于大功告成且通过了验收。在举办了盛大的开车大典（通车典礼）后，迎来了最终的观成大典。

这一天，对于张家口车站来说，实在是太不一般了。象征清朝廷的龙旗高高飘扬，万国国旗迎风招展，张家口的各级官员顶戴花翎齐整，早早来到车站站台上，恭候观成专车的到来。张家口的百姓，也早早来到车站站台对面的大片空场地上，或坐或站，等待那辆满载各式各样大人物的观成专车的到来。

附图一中，三面龙旗高高飘扬。

附图二中，站台上，地方官员们顶戴花翎齐整，恭候观成专车的到来。

附图三中，当地百姓早早赶来等在车站，期待着观成专车的到来，以便好好看看这百年难遇的大热闹，其中有人好奇地远远看着镜头。

■ 72. 张垣观成

照片右下角印有标题"张垣观成"。

对于张家口来说，这天可是大日子呀！车站站台上列着长长的两排新式拴动后装步枪，车站站房对面的大片空场地上，早已挤满了各色人等，站房左面的空场地也被从四面八方赶来看热闹的人们占据了。

附图一的右侧是张家口车站的站房，站台上的枪列，让人感到场面的隆重。

附图二的左侧是张家口车站的站房，站房前的大片空场地上来看观成大典的人群熙熙攘攘。

附图三可见赶来看观成大典的各色人等，他们在车站站房左侧铁轨边的场地上或坐或站，等待着观成专车的到来。

■ 73. 部堂张垣观成行辕

照片右下角印有标题"部堂张垣观成行辕"。

标题中的"部堂"，即邮传部尚书徐世昌。京张铁路全线通车运营之际，邮传部尚书徐世昌率相关人员和各国驻华使团、新闻官员、报刊记者，乘坐专车自南口车站登车出发，一路观看考察，直至张家口车站。

照片里的这座建筑，即徐世昌到达张家口以后居住和处理公务的地方，时称"行辕"。

附图中可见双盘龙戏珠的彩牌楼拱卫着一块写有"中外腾欢"字样的横匾。行辕门外，有持上了刺刀的拴动后装步枪的士兵站岗。能住在有双龙装饰的行辕中，说明徐世昌在当时的大清帝国中有很高的地位。

部堂張垣觀成行轅

郵部堂憲張垣觀成

■ 74. 邮部堂宪张垣观成

照片左上角印有标题"邮部堂宪张垣观成"。

这幅照片是徐世昌到达张家口行辕开始办公后，在接待建造京张铁路有功的官员和外国贵宾时拍摄的。

标题中的"堂宪"一词，是我国明、清两代对于省级或尚书级别高官的尊称。

附图一是合影的局部放大。右下角第一排第一人是邮传部尚书徐世昌；第二排右一是当时的铁路局总管，后来的铁路大臣关冕钧；前排左三是著名的外交官汪大燮；第二排左一是京张路局总办兼总工程司詹天佑。

附图二是照片右半部最后一排的局部放大，可见3位洋人的面孔。这是3位对于京张铁路修筑与运营的成功做出过贡献的洋人。

■ 75. 部堂张垣观成行辕

照片右下角印有标题"部堂张垣观成行辕"。

照片73拍摄的是邮传部尚书驻张家口行辕门外的模样,这幅照片拍摄的则是行辕里边的模样——院子里摆满了各种供观赏的花木,头顶上是彩棚。

部堂張垣觀成行轅

■ 76. 三堂验收路工张垣行辕

　　照片右下角印有标题"三堂验收路工张垣行辕"。

　　"三堂"是指参与京张铁路建成验收的3位尚书级别的朝廷大员：徐世昌、汪大燮、陈绍常。照片记录了3位大员在张家口期间居住的行辕的模样——院子里满是各种供观赏的花木，头顶上是漂亮的彩棚。

張垣觀成專車

■ 77. 张垣观成专车

　　照片左下角印有标题"张垣观成专车"。

　　照片里的这一辆列车，即詹天佑为京张铁路观成大典安排的专列。列车的最后一节车厢为头等花车，我们可以在照片46中看清它的模样。倒数第二节为头等客座，它的样子清晰地出现在照片48中。

張垣觀成商界歡迎

78. 张垣观成商界欢迎

照片右下角印有标题"张垣观成商界欢迎"。

这幅照片是在张家口车站站房正中门洞前的站台上拍摄的,从各处赶来观成的人群挤在站台下的大片空场地上,脚下却自觉让出一条轨道的空间,这是专为观成专车开进张家口车站使用的。

在整幅照片中间偏上的位置,可以看到一条很大的条幅高高地悬在木头搭成的架子上,自右至左书写着"农商欢迎"4个大大的汉字。两旁,两面象征清朝廷的龙旗高高飘扬,左面一幅完全展开,可以看清旗面。附图一即照片中这一局部的放大。

附图二是照片右侧中部位置的局部放大。可见挤在站台前观成的人群中,商人打扮的人和女性寥寥无几,主要是当地的农民。

附图三是照片左侧中部位置的局部放大。可以清晰地看到,和附图二一样,挤在站台前等待观成的人群中,虽然出现了几名商人和女性,但大多数还是当地的农民。

■79. 南口茶会专车

照片右下角印有标题"南口茶会专车"。

附图一的左侧，摩格尔机车把专车牵引到位，使整列列车都停在南口车站的站台前以后，便开向上水塔去加水加煤了。图中除了右边停车场上3节由车厢组成的列车外，还可以看到站台前恭候专车的人群正开始散开。

附图二中可以看到专门为铁路工人安排的两节车厢，这两节车厢被排在整列列车最前面第一节和第二节的位置。各位读者可以把附图二和上卷的照片7、照片8做一个对比。

附图三是照片中部偏下部分的局部放大，可见一名扳道岔的工人右脚压住了道岔机的扳杆，左手持信号旗正在指挥摩格尔机车。

细细地看照片中摩格尔机车的左侧，可见南口车站的站房整个都被罩在彩棚下。

80. 南口茶会专车

照片右下角印有标题"南口茶会专车"。

京张铁路全线通车运营后，顺利通过了验收，取得了巨大的成功。于是，先后在南口和张家口两地举办茶会以庆祝。为此，詹天佑特意安排了一列专车，从京城把参加茶会的相关官员和其他人等运送到南口。9月19日上午9点45分，专列刚刚停稳，各节车厢里的人便纷纷把身体探出车窗外，照片80就记录了这个情景。

对于京张铁路南口茶会和这一辆专车，110余年前著名的综合性杂志《东方杂志》在第10期以"记京张铁路行开车礼事"为标题做了专门的报道。在此节选如下：

……京张铁路告成后，于8月11日开车，此路系京奉铁路之余款所造，为中国官办铁路主权最为完全之路。19日行正式开车礼，上午8点30分，由西直门外开车，头站到清河镇，稍息。二站到沙河镇，稍息。9点45分到南口，其地在居庸关之南，为关沟进口处，茶会即设于此。中外来宾万余人，午后1时振铃，先由徐尚书演说京张路之组织及其关系，次由路员美国留学生李方氏，以英语译述徐尚书演述之意旨，宣告外宾，次由詹眷诚观察，演说造路工程之内容及与各路衔接之预备。演说毕，即于2时开特别加车回京，比到京，则3点30余分也……

此处所说的徐尚书即徐世昌，詹眷诚即詹天佑。

附图一为用以牵引专车的摩格尔机车，车头上装饰着盘龙，并插有两面龙旗。

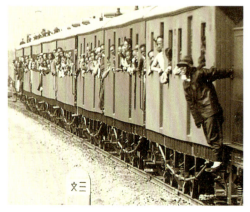

附图二中，乘坐茶会专车到达南口的乘客们纷纷从车厢内探出身子。

附图三中，在京张铁路通车纪念牌楼下，枪械整齐、服装统一的铁路警察卫队面对着到达的专车，全体立正，行注目礼。

南口茶會專車

141

郵部堂憲莊南口茶會

142

■ 81. 邮部堂宪莅南口茶会

照片拍摄于清宣统元年（1909）8月19日，右下角印有标题"邮部堂宪莅南口茶会"。这幅照片是邮传部尚书徐世昌在举办南口茶会的彩棚前，与在京张铁路的建设中有卓越贡献的高级官员和高级技术人员的合影。

附图一是照片右半中间部分的局部放大。第一排左一为邮传部尚书，即"邮部堂宪"徐世昌；第二排右一为京张铁路局总办兼总工程司詹天佑。

附图二是照片中间部分的局部放大。前排左一是京张铁路局第一任总办陈绍常；站在前排左一和左二中间靠后的人，即大名鼎鼎的中国第一任铁路大臣关冕钧。

■ 82. 詹天佑和他的得力助手们在举办南口茶会的彩棚前合影

照片拍摄于清宣统元年（1909）8月19日的南口，没有印标题。

　　这幅照片是詹天佑和他的得力技术助手们在举办茶会的彩棚前的合影。附图一是本幅照片的局部放大；附图二是上卷照片7的局部放大，拍摄内容同样是詹天佑和他的助手。两幅图放在一起对照，其中人物虽一着官服一着便装，仍可见多张相同的面孔。

京張鐵路通車記念牌樓

■ 83. 京张铁路通车记（纪）念牌楼

照片拍摄于清宣统元年（1909）8月19日的南口，右下角印有标题"京张铁路通车记（纪）念牌楼"。

照片里的这座牌楼，建造在京张铁路南口车站站台一端的铁轨边上。站台的另一端也建造了同样的牌楼，两面巨幅的龙旗悬挂在牌楼两边。当时，远道而来参加茶会的中外嘉宾都在这座牌楼前下车，并通过这座牌楼步入茶会彩棚。

■84. 南口茶会

　　照片拍摄于清宣统元年（1909）8月19日，右下角印有标题"南口茶会"。

　　为庆祝京张铁路通车，清廷在南口举办了规模空前的茶会，国内外的嘉宾下了专车后，通过照片83中的"京张铁路通车记（纪）念牌楼"步入会场。这幅照片的拍摄机位和照片83相反，后者在牌楼外，这幅照片则是在牌楼里面拍摄的。

　　细看牌楼中间悬挂的横匾，上面从右至左有用花朵装饰的一行小字"宣统元年八月吉日"，下行是用花朵装饰的大字"京张铁路通车纪念"。

■ 85. 南口车站茶会彩棚

　　照片拍摄于清宣统元年（1909）8月19日，右下角印有标题"南口车站茶会彩棚"。

　　为了举办茶会，工作人员专门用彩棚把南口车站的站房整个罩了起来——后边的大片空场地上，建起了体量超级巨大的两座彩棚作为茶会的会堂。前边小些的地方，作为门堂、接待大厅、休息处以及具体操办茶会的官员的公事房。车站站台的左、右两侧，各建了一座外观相同的纪念牌楼，照片中仅可见其中一座。

南口茶會彩棚東轅門

CLOAK ROOM

150

86. 南口茶会彩棚东辕门

照片拍摄于清宣统元年（1909）8月19日，右下角印有标题"南口茶会彩棚东辕门"。这座辕门就是南口茶会的正式入口。

照片中，可见左侧有两个体量超级巨大的彩棚，南口茶会就在此举办。这种彩棚不是永久建筑，仅仅是为了举办活动而用编织物和木杆或竹竿临时搭建起来的，活动结束后一般都会拆除。

附图一是照片中心偏右部分的局部放大，可见一座牌楼，牌楼上悬有横幅。细看，自右至左是3个用花朵装饰的大字"东辕门"，只是"东"字被龙旗遮挡了大半部分，"辕门"二字则完整清晰。

附图二中灯头朝下的是当时刚刚量产的亮度极高、户外广场专用、一次点燃可长时间不间断照明的钍网汽灯。它高高地悬挂在一根白色的四方灯杆上，灯杆顶部的金属物件是避雷针。

钍网汽灯极亮，其工作原理如下：点燃之前，须在储油筒内加满汽油，用安装在灯上的汽筒为灯打足气。然后开启阀门，高压气流喷出，使储油筒出口处的汽油雾化喷出后附着在吸附了二氧化钍的灯网上。点燃后，亚麻编织的灯网很快燃尽，吸附在亚麻网上的二氧化钍以原来亚麻网的结构为基础形成一个新的二氧化钍网。这个钍网能耐受极端的高温，被雾状的汽油烧到约3000摄氏度时，就会发出极亮的光。附图二中的这款汽灯，储油筒和储气箱的体积较大，一次点燃能长时间照明。詹天佑最初引进这种汽灯时，国人大为惊愕。这里还有一段趣事。

清代初年，皇帝任命几位汉族人做了高官，引发大量满族人的不满。于是，在满族人中出现了一则传言：一次皇帝出行，突然有一群乌龟拦路，并一起向皇帝磕头。皇帝觉得好奇，于是命手下问这群乌龟为何要拦路磕头，是否有所求。众乌龟高呼："皇帝万寿无疆，我等对于皇帝一片忠心，只乞求皇帝给个官做。"皇帝思考片刻后回答："尔等一片忠心可嘉，所请准了，回去等着吧。"众乌龟齐声问道："等到何时？"皇帝回了一句："等到灯头朝下之时。"这则传言，本是表现清初满族人对汉族人羞辱蔑视的一则无稽之谈，没想到清末竟然出现了对应的实物——詹天佑建造京张铁路时，在各大关键场所引进安装了这种灯头朝下的汽灯，其一旦点燃，亮如白昼，百步之内夜里可读书。这之前，我国虽早就引进了电灯泡和电弧灯，但因其发电成本奇高，几乎未被推广，并未引发多大反响。京张铁路全线多处装设了这种汽灯，一旦一处安装了便立刻远近皆知，影响何止波及千里。特别是年纪大的满族人，亲见这种灯头朝下的汽灯大放光芒，无不视其为"不祥之物"。而很多汉族人听到部分满族人对于这种汽灯的不祥之叹时，反引以为趣。

随着这种汽灯的大范围使用，美孚公司还专门在京张铁路沿线设置了巨大的储油罐以满足其对汽油的消耗。

附图三是照片中心偏左部分的局部放大，一块白色的牌子上，左边有一个黑色的手形图示指向右侧方向。手形图示的右边，有两行英文"CLOAK ROOM"，翻译成汉语就是"寄存处"或"衣帽间"的意思。

■ 87. 南口茶会彩棚

照片拍摄于清宣统元年（1909）8月19日晨，右下角印有标题"南口茶会彩棚"。

照片是南口茶会彩棚的近景，可见两扇高大宽敞的门。右门前有一个很大的四道箍的大木桶，装的是灭火用的水，如附图一所示。木桶前立有一块竖牌，牌上竖写着汉字"来宾所带仆人到此止步"。彩棚顶上用的是象征福禄永续的盘长纹，棚檐下，挂着一些带穗吉祥结，正随风飘扬。附图二中，左边的门前站有一名持警棍的警卫。

照片81和照片82，就是在这座彩棚左门和右门之间的空地上拍摄的。

南口茶會彩棚

■ 88. 南口茶会彩棚

照片拍摄于清宣统元年（1909）8月19日晨，右下角印有标题"南口茶会彩棚"。

这幅照片和前一幅照片，拍摄的是同样的内容，区别在于：拍摄照片87时，照相机距彩棚近一些；拍摄照片88时，照相机距彩棚稍远，因而拍摄的范围大了一些。

在照片88中，除了可以看到照片87的大部分内容外，还可以看到彩棚多出来的一个突出部分（位于照片左侧）。这个突出的部分，就是邮传部尚书徐世昌用来接待中外来宾中最尊贵人士用的贵宾室。彩棚棚檐上悬挂着众多颜色深浅不一的带穗吉祥结，棚檐上方，还飘扬着多面龙旗。

■ 89. 南口茶会彩棚

　　照片拍摄于清宣统元年（1909）8月19日晨，右下角印有标题"南口茶会彩棚"。

　　照片89是记录南口茶会彩棚的第三幅照片，与照片87、照片88相比，只是拍摄的机位和视野稍有不同：照片87记录的是彩棚的中部位置；照片88中，可以看到彩棚左首作为贵宾室的突出部分；照片89中，则可见彩棚右首的突出部分，这里是具体操办这次茶会的官员的办公及休息用的公事房。照片里可见，彩棚左、右两扇门前及两侧站立着几名官员和他们的手下，这些人就是经办这次茶会种种具体事务的工作人员。

■ 90. 南口茶会彩棚内演说台

照片拍摄于清宣统元年（1909）8月19日晨，右下角印有标题"南口茶会彩棚内演说台"。

照片拍摄于南口茶会彩棚内，用彩绸装饰的宽敞的讲台上，摆放了很多盆名贵的观赏花。讲台后面的墙上，有一个横条状的镜框，镜框上边悬挂了3幅大大的单人照片，中间的是邮传部尚书徐世昌的单人照，右边的是当时我国著名的外交家汪大燮的单人照，左边的是京张铁路局首任总办陈绍常的单人照。

IMPERIAL PEKING KALGAN RAILWAY

南口茶會彩棚內演說台

159

■ 91. 南口茶会彩棚内容

照片拍摄于清宣统元年（1909）8月19日晨，右下角印有标题"南口茶会彩棚内容"。

照片里可见彩棚内以芦席铺地，周边开有很多窗户，采光较好。彩棚内安放着一排排的长条桌，桌上铺着雪白的桌布，还放有小花盆和餐具。彩棚周边的窗下，放有成排的供吃自助餐使用的西式食盒。

南口茶會彩棚內容

后

记

一、从詹天佑到孙明经

一部书在开篇前应该有一篇序言，这是古往今来正式出版的图书的成例。可大家眼前的这部书，却没有序言。这是因为笔者深感自己知识缺乏、视野狭窄，实在不知道该请哪位学者为这部书作序合适。

作为一种补救，在书的结尾处，笔者向各位呈上这篇后记，乞恳指正。

在这部两卷套的画册中，呈现在大家面前的精彩的纪实摄影照片，主要拍摄于大清帝国灭亡前夕的1909年，也就是清宣统元年。这些照片公之于世的时间主要也是在清宣统元年（1909）和清宣统二年（1910）这两年，当时它们被结集成册，名为《京张路工撮影》。拍摄这些照片的摄影师是詹天佑，主要的掌机员是詹天佑的撮（摄）影跟班，名叫谭景棠。

詹天佑的名字，在今天的中华大地上，应该是人人知晓的。

凡知道詹天佑名字的人，没有人不知道他是一位伟大的铁路工程师，更没有人不知道他主持修建的京张铁路。

但是，今天在中国乃至全世界，知道詹天佑还是一位伟大的摄影大师的人已经不多了，知道詹天佑是我国纪实摄影开山大祖的人就更少了。

世界公认的摄影术诞生于1839年，也就是清道光十九年。经中国摄影史学界确认，两年后，即清道光二十一年（1841），中国人第一次把影像留存在照片上。

从诞生，到詹天佑拍摄这些照片，摄影术在我们的星球上已经发展了70个年头。在这70年中，中国和世界都发生了翻天覆地的变化。

在这些变化中，因为摄影术的诞生与发展而使得人类的记录方式、传播方式以至传统的教育方式发生的重大变革尤为引人注目。从那时开始，直到今天，借助摄影，我们可以实实在在、真真切切地"亲眼看到被摄影术记录下来的过去之人、过去之事"。

随着摄影术的发展，相关研究活动相继出现。渐渐地，一些人把摄影术当成一门学问，有学者将其命名为"摄影学"。摄影术本体论、摄影术本体研究、摄影术本体认知都是这门学问的组成部分，主要探讨摄影术的本体是什么：有学者认为，摄影术的本体是艺术；有学者认为，摄影术的本体是科学技术；也有学者认为，科学技术仅是成因，摄影术的本体具体地讲就是记录。

孙明经老师曾教导笔者："《京张路工撮影》这套相片册，是我们今天能看到的规模最大、数量最多、照片质量最好、拍摄与成集面世时间最早、内容最具体的记录中国工业革命初期，大产业工人群体登上历史舞台这一重要事件的纪实摄影作品之超大集成。"

2020年，笔者整整80周岁。"一个耄耋之年的老人为何要把这些拍摄于100多年前的照片编成图书出版？"这是一个笔者应该向大家说明白的问题。答案只有一个：完成恩师的嘱托。笔者的这位恩师，就是孙明经。

今天，无论身在何处，只要能上网，一搜索"中国电影高等教育"一词，就可以看到许多以"中国电影高等教育的开山宗师"为名介绍孙明经的文章。

从清道光二十年（1840）开始，到20世纪30年代，我们的祖国饱受列强欺凌。要想不被欺侮，就必须救亡。要想救亡，就必须唤起民众。

在这样的大潮中，如何更好地运用纪实摄影这种有效的手段，成为急需解决的问题。

于是，蔡元培、宗白华、郭有守、陈裕光、魏学仁、徐悲鸿等诸位泰斗把创建和开设"中国纪实电影与纪实摄影"这门课程的任务，交给了那时年仅20多岁的孙明经。

按照当时的规划，在1937年秋季学期中，年轻的孙明经将以金陵大学电影教育委员会摄制部主任的身份，在南京的金陵大学校园内，在教育部电化教育人员训练班的"教育电影摄制"课程下，开设"中国纪实电影与纪实摄影"课程。

在当时中国的大学校园里，这是一门从来没有人开设过的全新课程。孙明经老师曾教导笔者，这门课程大体上由三个方面的内容组成：1.学理讨论；2.范作检阅与研习；3.实习。他曾说："恩师们教导我，我的备课要从创建'中国纪实摄影范作库'开始。"学习过写作的人都知道，精读范作对于提高自己的写作能力有多么重要，其实摄影同样如此。封面上镶有精致铜牌的《京张路工撮影》相册中的不少作品都成了最早被孙明经选定并纳入"中国纪实摄影范作库"的范作。

那为什么会是由当时仅20多岁的孙明经来担起创建"中国纪实电影与纪实摄影"课程的重任呢？让笔者来为大家从头细说。

二、电影光学：摄影学、电影学和电视学的基石与灵魂

没有光，便没有摄影、电影和电视的一切；没有人类对光的认知的深化，便不会有

摄影、电影和电视的诞生与发展；没有人类对光从本体层面运用把握的深化，就不会有摄影、电影和电视事业以及相关学科的产生与发展；没有人类对光的驾驭、操控，就不会有摄影、电影和电视对政治、经济、文化、科技、教育、军事、艺术等领域学科发展的引领与推动。

中华大地上的高校，是最早把摄影术和电影纳入光学课程和高等教育教材的园地。正因为如此，20世纪30年代初，在中国共产党人的带领与推动下，我国现代光学学科的泰斗们掀起了人类有史以来最大规模的教育电影运动。这不仅创造了中国电影的第一次辉煌，也造就了人类唯一的电影歌曲国歌——《义勇军进行曲》。电影光学，不仅是摄影、电影和电视学科内的一切子学科的基础，而且是摄影学、影视学、影视史学、影视教育学的引擎。它更与文化学、教育学、政治学、艺术学、经济学、金融学、传播学、外交学、军事学等学科密切相关。愿本书的出版，能唤醒中华儿女对电影光学的重新认知。

1. 若没有光，摄影、电影和电视的一切在哪里？

本节的标题多少会令很多专家、学者感到莫名其妙。在大家以往多年教学、研究的过程中，也许根本就未接触过，甚至连听也没有听说过电影光学这个名称与学术概念。

任何一门学科，一定有基石，一定有灵魂，摄影学、电影学和电视学也是如此。没有基石，它们就会因为没有立足之地而无法存在；没有灵魂，它们就没有了生命——没有生命就没有未来，就无发展前景可言。而摄影学、电影学和电视学，过去和现在都热火朝天地发展着，无时不彰显着超级强大的生命力，它们的基石与灵魂，就是电影光学。

1977年，在经历了"文化大革命"后，面对"中国电影春天"的到来，包括摄影学者在内的电影学人们个个摩拳擦掌。以北京电影学院教师沈嵩生为首的一批中青年学者，常常聚在一起，热火朝天地开展"电影是什么"的讨论。北京电影学院的老教师吕锦瑗应邀参加了其中的一次讨论会。会上，针对北京电影学院10年没有招生、即将在1978年重新招生的局面，老师们认真地讨论着：

"没有好的剧作哪来好的电影？"

"没有好的导演哪来好的电影？"

"没有好的摄影哪来好的电影？"

"没有好的表演哪来好的电影？"

"没有好的电影美术哪来好的电影？"

"没有好的电影理论哪来好的电影？"

"没有好的电影教育思想哪来好的电影？"

"没有足够的经费哪来好的电影？"

……

在一片昂扬激烈的讨论声中，吕锦瑗有些茫然，她觉得自己有些不得要领。尽管如此，她依然一直认真地聆听着。这时，沈嵩生无意间看到了吕锦瑗，他当年在南京金陵大学求学，吕锦瑗曾是他的恩师。吕锦瑗也是我国摄影化学和电影化学学科的创建者，她早年参加了中国电影高等教育从无到有的创建工作。在中国电影高等教育开创之初，她最早开设了如下课程，并亲自授课：1. 电影教育文献解析；2. 电影法律文献解析；3. 电影理论文献解析；4.电影经典节目解析；5. 电影技术文献解析；6.电影与播音稿本编审；7. 电影音乐；8. 无声电影配音；9. 世界各国的电影大师与各国电影历史的演进；10. 电视向电影挑战；11. 电子计算机的未来应用；12. 电影化学；13. 电影彩色学；14. 电影胶片原理；15. 电影胶片洗印。

沈嵩生忽然意识到，讨论已经进行了好几个小时，吕锦瑗老师没有发过一句言，于是，他对聚会的学者们讲："请吕先生讲几句好不好？"

吕锦瑗实在不知道该讲什么，因为在几个小时的会议中，她听到的全部讨论内容，都完全无法和自己对包括摄影术在内的电影本体的认知接轨。她几乎是自言自语地问出一句："如果没有电影胶片，电影还有什么？"整个会场骤然变得安静下来，激烈的讨论戛然而止。所有的与会者全都把目光停在吕锦瑗的脸上，稍后，人们你看看我我看看你，谁也不知道自己此时还该继续说些什么……

聚会，竟然就此结束。

当时，一位在电影学术界完全无人知晓、刚刚从文化部干校分到电影学院的教师，被这句话震撼到了，他追到吕老师的家里，希望能从她那里得到更多关于电影本体的认知。后来，这位教师成了中国电影界名气很大的学者。

在吕老师的家里，这位教师听到了这样的一句话："在世界电影产业、电影科学、电影教育最发达的美国，电影正规的学名就叫作'胶片'，即film。"film是对于电影本体认知最简明、最有趣、也最精准的阐释与说明。自从这位教师再次请教吕锦瑗老师，在以后的各种场合讲课时，"没有电影胶片，电影还有什么？"成为他的经典语录。

吕锦瑗的爱人就是孙明经。现今，孙明经也被弟子们称为"中国电影高等教育的开山宗师"。中国电影出版社出版的《时光留影》和中国广播电视出版社出版的《德艺双馨的艺术院校名师》中都收录了北京电影学院沙占祥教授的文章《中国电影高等教育的开山宗师——忆孙明经》。

中国电影高等教育的开山宗师
——忆孙明经

撰写：沙占祥

孙明经先生出身于书香门第，祖籍山东掖县，父亲孙熹圣和母亲隋心慈是中国早期大学生，毕业于著名的齐鲁大学之前身——登州文汇馆大学部。文汇馆大学初办时为吸引中国学生，大力宣传其独具的三项办学特色：照片、望远镜、显微镜，这三样东西引起孙明经父母的强烈求知兴趣，从而报考了登州文汇馆。

文汇馆的课程中有光学，洋教员在光学课中讲解照相原理，并在其他课程中用照片做教具介绍世界各国风光、人物、国情等内容，从而使孙熹圣、隋心慈对照相产生了很大兴趣。

孙熹圣可以说是最早与电影结缘的中国知识分子。他第一次看电影和使用电影机是1898年，他成为第一个把外文"CINEMA"译为中文"电影"的中国人。1903年，他成为最早在中国大学课堂中放映电影的中国

图001　中国电影出版社2006年12月出版的《时光留影》一书的第48页

图002　2011年10月31日是孙明经100周年诞辰的纪念日。当年12月23日，我国纪录影像学界在北京人民大会堂隆重举办"光影纪年——中国纪录影像世纪盛典"。在盛大的典礼上，嘉宾们为纪录影像先驱的铜像（左朱连奎、中孙明经、右伊文斯）揭幕。本照片由何苏六教授提供

那一天这位教师告辞后，孙明经对妻子讲，什么都有了最好的：最好的剧作、最好的导演、最好的摄影师、最好的表演家、最好的美工师、最好的电影理论创作指导、最好的电影教育思想培育出来的专业队伍、最充足的经费、最好的政策环境保障，连film（胶片）的质量也是最好的，且有最充足的后勤保障。如果没有光，电影和电视的一切在哪里？学电影电视学的学子和教电影电视学的教师，又该如何大展拳脚？

若没有光，摄影术会诞生、会发展吗？会出现纪实摄影吗？光，不因人类的存在而存在，它有自身的规律，人类对于这些规律的认知，渐渐成为一门学问——光学。因为对光本体认知的逐步深化，人类逐渐有了适应、使用和有限的驾驭光的能力。

在日寇开始加大灭亡中国步伐的1931年，在国民党加大剿灭共产党步伐的1931年，中国共产党地下党员郭有守博士和一群学者一起，发现了包括摄影术在内的电影和光之间的奥秘。这是电影光学在中国登堂入室的正式开始。

2. 面对日寇对我"亡国灭种"的戮夺，中国学者为救亡，创造了电影光学

中国电影电视高等教育正式诞生的时间是1936年9月，由当时的教育部部长、司长主持，地点是今天南京大学校园里的东大楼。当时，这栋大楼属于金陵大学理学院，被称为"科学馆"。

为什么是在1936年，而不是其他时间？1936年的中国发生了什么？

回顾历史，可以发现1936年的中国，"救亡"是时代的主题。欲救亡必先唤起民众，可当时大部分的民众是文盲，即使知识分子写了书、出版了报纸刊物，他们也看不懂。

图003　1915年，金陵大学的科学馆刚落成不久。还是工地的校园里，修出了一块平整的草坪，上面竖起了两根立杆，用于悬挂银幕。此为中国历史上第一块坐落于大学校园里的电影放映专用场地

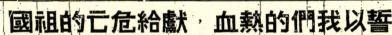

图004　《国难地图》中，可以清晰地看到至1936年时日寇对我国国土的戮夺

1930年11月，郭有守博士在恩师蔡元培的指导下，起草了《电影检查法》，获得国民政府的通过后颁布，标志着教育电影运动在中华大地正式启动。1931年，九一八事变以后，郭有守和中共地下党员陈翰笙以北京大学校友为骨干，联络并组织了90位有影响力的学者、高官、电影人，于1932年7月8日在教育部礼堂成立中国教育电影协会，蔡元培担任第一任主席。

1935年4月，郭有守的专著《我国之教育电影运动》印行，催生了我国的电影高等教育事业。

图005　中国教育电影协会成立大会后，孙明经在教育部大礼堂门外拍摄的与会者簇拥在蔡元培周围的大合影。照片中，时任教育部部长、北大校友王世杰（前排右一），合影时仅能坐在最靠边的四分之一条板凳上，可见与会者地位之高

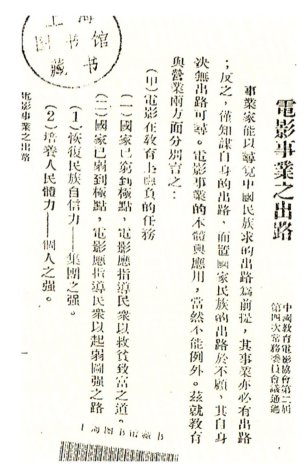

图006　1933年10月，蔡元培发表中国电影纲领性文件《电影事业之出路》。在中国电影发展的历史中，率先从本体层面开展认知并对电影给予界定，提出"电影在教育上应负的任务"，明确了电影在我国拥有"教育"的属性

图007　1935年4月，郭有守所著的《我国之教育电影运动》一书的封面

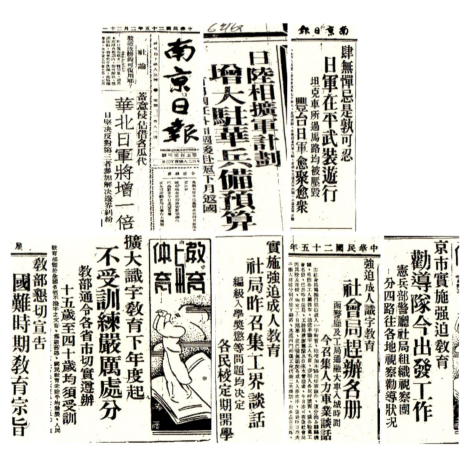

图008—图015　1936年，《南京日报》上刊登的文章标题8则。从图中可见当时日军侵华的肆无忌惮，以及我国教育界因急于唤起民众而产生的焦急心态——为了扫盲而推行强迫成人（识字）教育行动，并在这一行动中采取了种种手段，连宪兵、警察、社会局都一起出动了

1932年，日军进犯上海，挑起一·二八事变。

1933年，日军强占我热河省（今河北省、辽宁省、内蒙古自治区交界地带），并大举进军长城一线，长城抗战爆发。

1934年，日军向绥远（今内蒙古自治区中部、南部地区）进犯。

1935年，日军陈兵华北。

1936年，日军加大对我"亡国灭种"的步伐，国难当头，唤起民众成为当务之急！

一方面，让数以百万、千万、万万计的文盲识字一事不可能一蹴而就；另一方面，日寇要亡我的步伐却一天比一天加快。因而，普及不借助文字便唤起民众救亡的方法——电影教育必须提上日程。1936年3月25日，国民政府正式核准郭有守起草的《国难时期教育方案》，"推广播音教育""促进电影教育"成为国家政策，国家级的电影教育委员会就此成立。

图016—图019 《南京日报》1936年3月26日关于《国难时期教育方案》和7月22日关于成立电影教育委员会的报道

为了大规模推行电影教育，电影教育委员会与金陵大学合作，成立了金陵大学教育电影部，主持相关事务。除电影教育委员会外，教育部还设立了播音教育委员会，并在金陵大学理学院开办了全国电化教育人员训练班，班主任由教育部分管两个委员会的社会教育司司长陈礼江担任，学员由全国各教育厅、局选派。自该训练班开办以来，电影教育和播音教育便在我国被合称为"电化教育"，其学术内涵与今天的电化教育有别。

图020—图022 1936年，《南京日报》关于教育部制定推行教育电影办法、为推行教育电影与金陵大学合作拍摄影片、为推行播音与电影教育决定组织两个委员会报道的标题

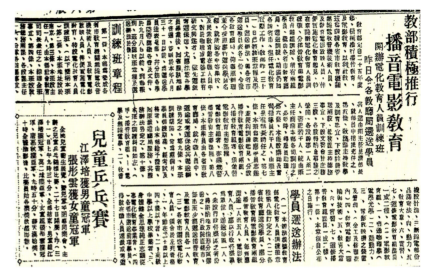

图023 《南京日报》关于教育部举办电化教育人员训练班，令全国各教育厅、局选送学员的报道

当时，教育部社会教育司司长陈礼江、专员郭有守请金陵大学理学院院长魏学仁博士为该训练班设计课程规划，魏学仁遂安排、指导自己的弟子，金陵大学教育电影委员会摄制部主任孙明经具体起草课程规划。孙明经起草的课程规划得到了陈礼江、郭有守、魏学仁的肯定，后成为该训练班课程的正式安排。孙明经同时为该训练班开设并讲授"教育电影"课程。

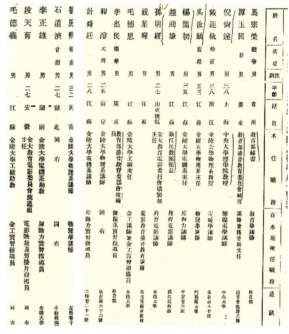

图024 这份《教育部电化教育人员训练班讲师及指导员一览表》对于中国摄影、电影和播音高等教育等学科的历史而言，具有重要意义。名单中前面的7位：马宗荣、谭玉田、倪尚达、戴运轨、吴汝麟、杨简初、赵鸿谦，都是当时的学科泰斗和大师级的学者。对孙明经的标注为：金大教育电影委员会摄制部主任（原件现存于中国第二历史档案馆）

此前，郭有守在电影的诞生地巴黎攻读博士期间，曾用较多时间，利用几家博物馆内与电影相关的丰富馆藏，借助当地学者积累的丰富知识，从自然科学与社会学原理的层面对电影的本体进行认知，从而认识到电影及其前学、前史皆遵循"由光而影"的规律。魏学仁博士是我国光学学科和光学教育中里程碑式的泰斗级人物，身为当时中国高校中实力数一数二的理学院的院长，以及我国第一个在高校中创建教育电影委员会的学界领袖，他对于光与摄影术、与电影本体的关系有多年的研究。同时，金陵大学理学院拥有当时全中国最好的光学教学条件，因而郭有守选择在此来举办全国性的电化教育人员训练班。

也正是基于以上原因，郭有守和魏学仁要求弟子孙明经在给该训练班开设"教育电影"课程时，必须从讲授电影光学的内容入手。

孙明经上的第一堂教育电影课，地点是在金陵大学理学院的光学教室。厚厚的黑丝绒窗帘把教室里遮挡得漆黑一片，只剩一台2000烛光的大型幻灯机，把讲台上的银幕照得雪亮。孙明经指挥助手将蓝色色片插入幻灯机，整个银幕顿时成为蓝色。他从衣袋中掏出一方手帕，将它在银幕前展开，同时问全体学员："请问大家看到的这方手帕是什么颜色的？"学员回答："蓝色！"孙明经把手帕放回衣袋，指挥助手将幻灯机中的色片换成绿色，银幕顿时变绿。他又从衣袋中掏出一方手帕，将它在银幕前展开，问全体学员："请问大家现在看到的这块手帕是什么颜色的？"学员回答："绿色！"孙明经再次将手帕放回衣袋，指挥助手将红色色片插入幻灯机，银幕顿时成为红色。孙明经继续从衣袋中掏出一方手帕在银幕前展开，问全体学员："大家现在看到的这块手帕是什么颜色的？"学员回答："红色！"孙明经将手帕放回衣袋中，指挥助手将色片从幻灯机中抽出，他身后的银幕顿时一片雪白。他仍旧从衣袋中掏出一方手帕在银幕前展开，问学员："现在大家看到的这块手帕是什么颜色的？"学员回答："白色！"孙明经指挥助手关闭幻灯机光源，拉开厚厚的窗帘。同时，又从衣袋里掏出一方手帕在窗前展开，问学员："请问大家看到的这块手帕是什么颜色的？"学员回答："淡粉红色！"孙明经走到一位学员面前对他说："请你掏一掏我的衣袋，看看我的衣袋中有几块手帕？"

结果，学员仅掏出一方淡粉红色的手帕。

孙明经讲解道："刚才，各位亲眼看到，明明我从衣袋中分别掏出了蓝色、绿色、红色、白色的手帕各一块。为什么实际上仅有一块淡粉红色的手帕呢？原因很简单，因为各位刚才看到的是我们用技术的方法，把不同波长的强光分别照射到同一块手帕上的结果。波长470纳米的光照射到手帕上，大家看到的就是蓝色；波长700纳米的光照射到手帕上，大家看到的就是红色……

"明明是一块淡粉红色的手帕，大家却会将其看成是蓝色、绿色、红色、白色，这就说明我们可以通过对光的操控，在视觉中'歪曲'，甚至'颠覆'事实，从而为观看者提供在视觉中'创造'事实的机会。"

孙明经又指挥助手放下窗帘，打开幻灯机光源，插入一片鲜红的色片。当时正值9月，是南京所谓"秋老虎"的时节，天气热得很。面对红彤彤的银幕，他问学员："看到这通红的银幕，有何感觉？"有学员回答："热烘烘的感觉。"也有学员回答："心里稍感燥热。"

孙明经又指挥助手换上淡蓝的色片，银幕变成了淡蓝色。孙明经问学员："看到现在的银幕，大家心里的感觉和刚才一样吗？"有学员回答："有一点清爽。"有学员回答："有丝丝凉意。"有学员回答："略感舒适。"有学员回答："稍觉惬意。"

孙明经说："教室内的气温没有改变。因为幻灯机投射的光线的波长改变了，大家便会在同样室温的条件下产生不同的感觉和情绪——这就是通过对光的操控，改变观看者的感觉和情绪的道理。"

孙明经继续指挥助手将幻灯机搬到讲台上，将镜头正对讲台下面的学员。他突然打开幻灯机电源，强烈的光线顿时向讲台下的学员们，有人发出一声惊叫，有人急忙用笔记本或衣袖遮挡脸部，有人用手捂住双眼，有人把头转向教室后面以后脑勺对着幻灯机，有人干脆起身逃出光线照射的范围。

孙明经关闭幻灯机电源，然后问学员："为何有人会惊叫？为何有人会用笔记本、衣袖、手遮挡脸部或双眼？为何有人会把头转向教室后面？为何有人会起身躲避？"学员们回答："被突然亮起的强光吓了一跳，所以会惊叫。""光太强了感到难受，所以会遮挡脸部或眼睛。""不喜欢这么亮的光所以会转过头去。""怕强光所以用衣袖蒙脸。""心里感到不舒服所以躲避。"

孙明经解释道："在刚才的三项试验中，既没有美学的参与，也没有艺术的参与，仅仅是用纯技术的方法对光做了操控——或改变光的波长，或改变光的投射方向，就可以在各位的视觉中产生'颠覆'事实、'歪曲'事实、'创造'事实的效果，就可以让各位产生或燥热或清爽的感觉，还有人被吓了一跳，惊叫出声，会感到难受、不喜欢、害怕、不舒服，甚至起身躲避……

"虽然没有美学、艺术等学科的参与，但产生了相关现象——在实验过程中，各位有了多种不同的反应，发出了不同的声音，有了不同的肢体动作，产生了不同的感觉和情绪的变化。于是，就有了事件，就有了具体环境中具体人物的行为及其影响，就出现了艺术问题。同样环境中，大家的回答有差别，回答时不同的用词造句又表现出不同的个人风格，反映出的是来自不同地域的人的特征与个性，这又涉及美学特别是审美的问题。我对大家在实验过程中的反应的描述和记录，又涉及对信息的处理。"

孙明经接着讲道："各位再仔细思考一下，我们用技术的方法对光进行操控，使各

位刚才表现出种种肢体行为、感觉和情绪，这可不可以理解为，刚才各位的种种行为正是我们运用对光的操控'教'出来的呢？

"用技术的方法对光进行操控，便可以引导大家产生种种心理并反映到生理和肢体行为上。这就是'电影的本体即教育'的秘诀，也是蔡元培院长不仅强调'电影对于教育实有莫大影响'，而且从本体层面强调'电影的任务即教育'的原因。

"郭有守博士强调'一切电影都是教育电影'。各位可以在发给大家的辅助教材中看到郭博士撰写的专论《中国教育电影协会成立史》。

图025　1936年3月10日，《南京日报》刊登电影《凯歌》公映的大幅广告。这是一部左翼电影，由田汉担任编剧。它遵照郭有守起草制定的《教育电影取材标准》第五条第十五款拍摄，不仅在1936年被评选为国产片第一名，而且成为开创"中国国产电影大片时代"的先锋与第一部代表作。今天我们对于"大片"评价的全部"要件"，在这份1936年3月10日的电影海报的广告词中都可以看到

图026　1936年7月8日南京《中央日报》报道，以蔡元培确定的"三分娱乐七分教育"为评选标准，左翼电影《凯歌》获第一名

图027　1936年11月10日，电化教育训练班在教育部大礼堂举办毕业典礼，部长为每一名学员颁发毕业文凭。教育部秘书及各位司长、科长、督学专员均参加并观礼，这在中国高等教育的历史中是罕见的。1936年11月11日的《南京日报》对此进行了报道

<hr />

* 该文全文见世界图书出版公司2010年5月出版的《中国电影，你不知道的那些事儿》一书第246—274页中的详细论述。

"本年7月初结束的国产影片奖，评选标准就是'三分娱乐七分教育'。

"各位是我们中华历史上第一届电化教育训练班的学员，也是以后运用电影来普及教育的骨干，一定要明白、要知道，光是摄影术和电影的基础，是摄影术和电影的灵魂。没有光，就没有摄影术和电影的一切，或者说摄影术和电影的一切来自人类对于光的认知与操控。

"一切摄影术的成果和电影都是教育影像，它们对于观看者施加的'教育'，无不通过种种对光的操控来实现。"

3. 中国高校最早的光学教科书与中国摄影术、电影学及中国电影前学

图028　狄考文
（1836—1908）　　　　　　图029　丁韪良
（1827—1916）　　　　　　图030　狄考文与丁韪良讨论教材内容

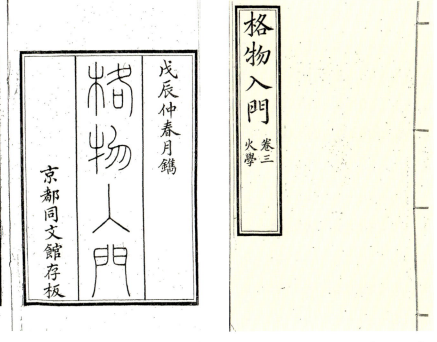

图031　丁韪良编写的《格物入门》一书的首页，可见"戊辰仲春月镌"以及"京都同文馆存板"字样　　　图032　《格物入门》卷三《火学》的封面

笔者的恩师孙明经老师曾教导，我国大地上最早系统开设西学的学堂有两所*：一所是官办的北京京都同文馆，一所是民办的山东登州文会馆。

日本人长期以来把电影叫作"映画"。今天中国学界中是否有人知道，"映画"这个以两个汉字组成的名词竟然是在我们中国北京的官办学堂首发的？日本人从1897年开始用"映画"来称呼电影，但这一词居然是从中文教科书中搬过去借用的，想来着实有趣。中国的电影和现代高等教育是舶来品，而"映画"二字，却又偏偏诞生于北京和山东最早的以教授西学为主的学堂的教科书（《格物入门》《光学》）和学报上。

北京的京都同文馆亦称"京师同文馆"或"同文馆"，清同治元年（1862）6月11日在北京成立，附属于总理各国事务衙门。清光绪二十八年（1902）并入京师大学堂。清政府开办京都同文馆的初衷，是培养以满族人为主的外语翻译人才，以便在与洋人外交时免受欺骗和蒙蔽。因为当时列强强加给中国的外交条款规定，中外交涉条约均用英文书写，遇有文词争辩之处，以英文文意为准。

山东的登州文会馆则由美国宾夕法尼亚州洋人狄考文（Calvin Wilson Mateer）和夫人狄·朱丽叶（Julia A. Brown，又名狄·邦就烈）于清同治三年（1864）1月创办。

丁韪良（William Alexander Parsons Martin）在中国生活了长达62年的时间（1850—1916，其间有4年不在中国）。清同治七年（1868）开始，担任京都同文馆总教习长达25年。清光绪二十四年（1898），被任命为京都大学堂首任西学总教习，官至二品。他从狄考文的登州文会馆中挑选了8名毕业生，作为京都大学堂的西学教习。他学识渊博，文理兼通，和狄考文既是生活上的好朋友，又有学问上的交情。当时，北京京都同文馆和山东登州文会馆共用理科、工科、医科教科书。其中的理科中文版教科书《格物入门》是丁韪良在受聘担任京都同文馆总教习的当年编写完成的，全套书共7卷：分别为卷一《水学》、卷二《气学》、卷三《火学》、卷四《电学》、卷五《力学》、卷六《化学》、卷七《算学知识》。其中，卷三《火学》下章的标题是"论光"。

在"三十二　映画幕"中，出现了"映画"二字，这是目前中国电影史、中国电影学、中国电影前学、中国电影前史领域这两个字第一次出现。"二十八　双眼看画镜"中所画的"画镜"的外观及其所应用的原理，与爱迪生发明的早期电影窥镜颇有相通之处。而"二十九　射影灯"中的射影灯则与早期幻灯机的型号、样式相同，图中的可见光源是燃烧的火焰发出的光。

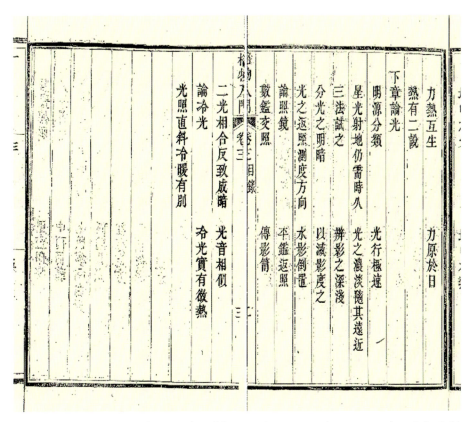

图033　《格物入门》卷三《火学》目录第二、三页中可见"下章论光"字样及其具体内容

* 此处采用图031中《格物入门》封面上的表述，为"京都同文馆"，下同。

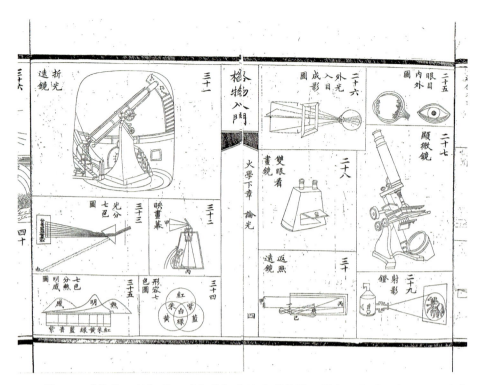

图034 《格物入门》卷三《火学》中的两页附图，图中可见"二十八　双眼看画镜""二十九　射影灯""三十二　映画幕"等字样

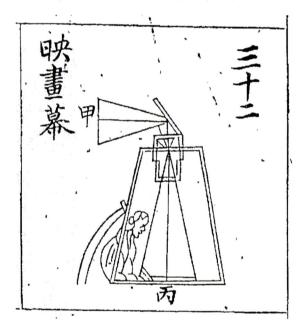

图035 图034中"三十二　映画幕"的放大图

1911年，孙明经诞生在一个影像世家之中，他的父亲和母亲的婚姻，不是依"父母之命，媒妁之言"——他们当时同为登州文会馆的大学生。他们的自由恋爱，缘于课堂上看到的一幅洋人学者在北京远郊的大山之巅拍摄的长城的照片。

我们中华民族，无论科学还是技术，无论经济发展还是财富积累，在几千年漫漫的历史长河中都曾经是人类的排头兵；现今，考古发掘出土的不少文物，其科技含量常常令世界为之惊叹；陆上和海上的丝绸之路推动了沿线各国的共同发展；鉴真和尚东渡，则促进了中日文化的交流，对日本的宗教和文化事业的发展产生了深远的影响。可是后来，我们居然变成了"落后就要挨打"的代表，居然变成了列强欢庆胜利的宴会桌上的糕饼。为何会这样？

西洋学者们就此踏上各式各样的寻找症结之路。

上文提及的美国学者丁韪良和狄考文是这些学者中具有代表性的两位。

在种种寻找与探求后，年轻的狄考文和他新婚蜜月中的妻子狄·朱丽叶隐隐约约地感到他们已经找到了答案——他们发现，中国人使用的数学语言一、二、三、四、五、六、七、八、九、十、百、千、万、亿、兆等难以在世界其他地区通行的数学、物理、化学、机械、冶金、铁路、建筑等各种科学领域中被得心应手地运用！这导致整个中国知识界难以借助世界科技界已经取得的成就来发展——当时世界科技成就的取得离不开数学运算。这导致中国既无法和正处在蓬勃发展的工业革命阶段的世界对话，又无法和世界工业革命大潮的成果接轨。

他们发现，很多中国人拒绝照相，理由仅仅是因为他们顽固地认为照相会"夺去人的灵魂"。自摄影术在地球上的诞生，它便为人类认识、处理、传播知识与信息的方式带来了前所未有的革命，由此，人类获取传播知识的方法与理念产生了翻天覆地的变化！中国知识界拒绝照相、拒绝摄影，也就拒绝了它所带来的学习革命、信息革命和传播革命的一切好处与成果。

太平洋彼岸的两个年轻人，面对自己的重大"发现"，产生了强烈的使命感和责任感，他们在蜜月中做出一个决定：到大洋的那一岸去，把阿拉伯数字，还有现代数学的运算方法与学理以及摄影术这些人类认识世界、认识宇宙、获取知识、传播知识的方法传播到古老的中华大地上。

19世纪的美国知识界中，有一种认知：美国的立国，源于新大陆的发现。而新大陆的发现和欧洲人对美洲的探索和开发，则得益于指南针和火药的发明。当时美国的小学和中学的教学中，有"中国人发明了指南针"以及"中国人发明了火药"的内容。

《人权宣言》把"人人生而平等"的理念植入了一代代美国年轻人的潜意识当中。

"曾经为全人类发明了指南针和火药的中国，应当享有运用阿拉伯数字，还有现代数学的运算方法与学理以及摄影术成果的资格与权利。"于是，这一对年轻人来到了中国，他们选择了齐鲁大地。

这一对蜜月中的年轻人的这个决定，造就了中国近代历史上那一场"西学东渐"运动里的一段传奇——这是我们这块古老大地上"和国际接轨的近代高等教育历史的开始"。他们两人不仅成为中华大地上第一所与国际接轨的高等教育机构的创办者，而且也是最早在中华大地的高校中开设相关课程的人，从而开启了中国人真正开始接受和运用，乃至与世界共享一切人类在数学和摄影术等方面成果的时代。

图036 1875年，狄考文为登州文会馆和京都同文馆编撰的教授使用阿拉伯数字的图书《笔算数学》。这是在我国学校内使用时间最早、使用范围最广、再版次数最多的运用阿拉伯数字教授数学的教科书（山东学者蔡志书先生于近年发现了这一部清光绪元年（1875）版的《笔算数学》，这是我国数学史界的重大发现。本书中该部分照片由蔡先生提供，特此致谢）

图040 1937年1月，孙明经在大同云冈石佛寺所拍摄的金面佛

图037 狄考文编撰的《笔算数学》上卷和中卷的目录

图038 狄考文编撰的《笔算数学》下卷的目录

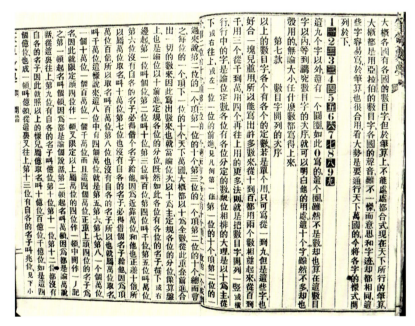

图039 《笔算数学》中，可见阿拉伯数字引进我国用于学校教学早期的样貌

图041 1938年6月，孙明经在当时四川省嘉定县（今乐山市）拍摄的乐山大佛

在探索中，狄考文夫妇意外地发现了中国知识界中很多人拒绝照相的更为有趣的深层原因。

初到中国，在狄考文夫妇开始按照美国的学校样式和教育理论创办学校之初，夫妇两人同时努力地学习着中文和中国文化。当他们第一次在中国过大年，被带到登州城里的大戏台前观看当地人演出的戏剧时，他们注意到了一个当时无论如何也想不明白的现象——教他们中文的人告诉他们，当地人把观看戏剧演出称为"听戏"而非"看戏"。明明数以千计的人挤在大戏台下一起观看台上的戏剧表演，为什么当地的人会把"看"戏，说成或理解成"听"戏？为了了解和研究中国文化，狄考文夫妇要求他们的中文教师带他们到庙宇和"图书馆"去。在登州和登州周边的庙宇和藏书楼中，狄考文的夫人狄·朱丽叶注意到一个细节或者说现象——在当地，他们看到的凡地位高的佛像或人像，无论是塑像、雕像或是画像，都眯着眼睛。尤其是相当于西方女性肖像画的中国仕女图中的淑女们，也全都眯着眼睛！进而，他们又发现，事实上，不仅是登州及周边地区的佛像或人像眯着眼睛，中国其他地方的佛像或人像同样也或多或少地表现出这种特征。

狄·朱丽叶和自己的丈夫讨论了这个现象。"这一细节，到底源于中国人的审美，还是出于生理原因？"带着这个疑问，他们开始观察身边的中国人，果然发现了一些有趣的现象或可称为细节——他们接触到的许多中国人，专注地看某样东西的时候都会眯起眼睛，而这正是弱视或近视者的典型生理表现。

为进一步证实这一结论，狄考文夫妇还考察了当时登州和周边的中国学校——私塾和学馆。在那里他们看到先生们闭着双眼摇头晃脑地一句一句高声歌咏，一群学子们以同样的动作跟着附和。

狄·朱丽叶注意到，当地所有的私塾或学馆的教室和美国学校的教室有一个显著区别——窗户都很小，上面没有玻璃，只有一层很厚的、透光程度远远差于玻璃、被当地人称为"糊窗户纸"的纸张。私塾或学馆中光线昏暗，即便是户外阳光最明亮的中午，狄·朱丽叶发现自己在这样的教室中也难以看清和辨认手里英文书籍上的印刷体字母。狄·朱丽叶继而发现，在这样的教室里看书，她身边的中国人不仅不会睁大眼睛，反而一定会眯起眼睛！

这一发现使她惊喜，她一下子明白了一件她刚到中国时便十分好奇的事——为什么印刷版本的中国书籍中的每一个字，都比英文书籍中的印刷体字母大得多？

"难道当地人普遍是弱视或者近视？"

当时，西方医学界已经注意到，食物结构会对人类身体或具体器官的发育以及功能产生影响，并积累了一些研究成果。

狄考文夫妇因而有了一个猜想：登州当地人的普遍弱视或近视，可能和当地的饮食结构有关。

清同治七年（1886），在登州文会馆大学部开设后的第四年，狄考文夫妇决定和自己的学生一起就"美国普通民众和中国普通民众的食谱是否与其视力有关"这一问题做一个比较研究。

一个名叫孙熹圣（原名孙希圣，孙明经之父）的学生，在研究中注意到，胡萝卜、西红柿、洋葱头、洋芋、番薯、番瓜等这些名中带"胡""西""洋""番"的蔬菜，几乎不见于当时山东半岛东部一般民众的田地和食谱中。

这一结果引发狄考文夫妇进一步研究的兴趣，他们不仅开始带领自己的学生们在学校的田地里增加胡萝卜、西红柿、洋葱头、洋芋、番薯和番瓜的种植面积，而且还在收获以后，鼓励学生们，特别是近视度数较深的学生多吃一些这类蔬菜。经过一轮夏秋冬春的周始，四季常食这类蔬菜的学生的视力和近视程度得到奇迹般地改善。在这一过程中，这些蔬菜也渐渐被更多当地普通民众接受。当地农民发现，这类蔬菜不仅产量高，可当饭充饥，还可贮存过冬。渐渐地，种植和食用之风，从山东登州向内地蔓延。

作为狄考文夫妇的学生，孙熹圣通过亲身经历弄明白了中国人为何无论在感觉、审美、记录、叙事等方面，皆"音先影后"或"听先看后"乃至"重闻轻见"的原因。

中国人会把看到的新发生的事叫"新闻"，而不是"新看""新见""新视"。即便到了今天，我们依旧会把通过摄影师的眼睛亲眼所见、记录的新发生的事的照片叫作"新闻照片"，把这种电影节目叫作"新闻记录电影"，把这种电视节目叫作"电视新闻"，把通过摄影师眼睛所见的现场直播的电视节目叫作"新闻直播"。

而且，从中央到地方的电视台，都会有新闻频道。明明是在电视屏幕上让广大观众用眼睛看新发生的事，今天的中国人依旧会说自己看的是"电视新闻"，而绝不会有人会对此提出异议或把"新闻"实事求是地说成"新见""新看"或"新视"！

其实，几千年来无论在审美、叙事还是纪实方面，我们都延续着"音先于影"或"听先于看"的传统。

让我们以记录中国人早期审美的《诗经》为例：

"关关雎鸠，在河之洲。"这八个字所描述和记录的是一条大河，河中有小洲，洲上有正在求偶的鸟（有学者认为是雌鸟，也有学者认为是雄鸟），它们发出了"关关"的鸣叫声。

在这里，我们的先人们的感官首先捕捉到的，不是大河，不是小洲，也不是正在小洲上求偶的鸟，而是鸟为求偶所发出的"关关"的声音，然后再是发出这种声音的雎鸠，最后是鸟所在的位置——河中的小洲。

这里，皆为"音先影后"或"听先看后"。

再以《论语》为例，全书无不以"子曰"两字开始。

读《论语》、讲《论语》，拥有不同学术背景的人会有各自的方法。对于一个诞生在电影世家、长在电影世家，后来自己也端着电影饭碗的人来讲，笔者则更习惯于从研究与认知视听关系的角度来看、来理解《论语》。

中国人对于"听"和"看"关系的认知有别于其他民族，这是否就是清朝晚期知识界中很多人拒绝照相的潜意识层面上的原因？

今天，我国很多研究传播学的学者在其相关论著中，讲到关于人类的认知来源时，往往会引用图042中的数据：人类接受印象之途径，83%来源于视觉，13%来源于听觉，4%来源于触觉、味觉、嗅觉。其实，这是从欧洲学者对欧洲人的研究试验的结果中统计出来的。

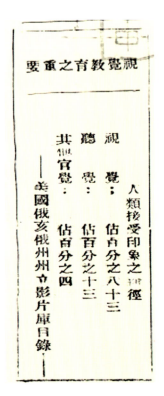

图042 1942年9月15日出版的《电影与播音》月刊第1卷第5期第11页

丁韪良虽是一个地道的美国人，却对中国文化和中文深有研究。作为著名的《中国觉醒》一书的作者，他参与了《中西闻见录》的创刊工作，并担任主要撰稿人和责任编辑。就其把"闻"字放在"见"字前面看，早在清同治十一年（1872）以前，外国研究者对于中国人认知中"听"与"看"的关系顺序已经有所关注并有所得。也许，这也正是他会特别在京都同文馆的《格物入门》这套西学教科书中，刻意强调"映画""射影""眼目""看画""显微""七色""析光"等的原因吧。

电影在技术层面的基础是摄影术与放映术，即通过技术的手段操控光、记录光、运用光。世界上任何一个国家的电影事业和电影文化的发展，都离不开电影高等教育的进步。而电影高等教育的内容，不可避免地会和摄影术、放映术及其高等教育的内容相交叉。

我国几千年的文明发展史中，用于教学的书很多，但正式名为"教科书"的书，则始于《格物入门》。作为中国电影前学必不可少的有关摄影术与放映术的第一部正式中文版本的刻版印刷的教科书，《格物入门》诞生在丁韪良担任总教习、地处北京的京都同文馆中。当时的中国文化和教育界人士正是通过同文馆学报《中西闻见录》最早了解到了这部中文版本教科书的内容与信息。

丁韪良担任京都同文馆总教习之后，经过努力，终于聘请到了德贞博士（Dr. John Dudgeon）为同文馆的医学和全体（即人体解剖与生理）教习。

德贞是来自英国的医学博士，精通医术，多才多艺，酷爱并通晓摄影术与放映术，亦通文理，且精于汉字、汉学。他于清咸丰十年（1860）来华，初任英国驻华使馆医师，后接任京都施医院院长，并创办了双旗杆医院，即今天北京乃至世界著名的协和医院的前身。

清同治十一年（1872）8月，在丁韪良担任同文馆总教习的第五年，由他和教习艾约瑟、包尔腾共同发起、撰稿、编辑的《中西闻见录》第一号（第1期）正式面世，编辑部就设在京都施医院内。

《中西闻见录》创刊不久后，德贞博士欣然加入，使其大为增色。

图043 京都同文馆学报《中西闻见录》第一号（第1期）的封面　　图044 《中西闻见录》最后一期即第三十六号的封面，该报纸被孙熹圣、孙明经两位学者称为"北京的第一家学报"

清同治十一年（1872）春，德贞博士编撰的我国第一部中文版本的摄影教科书完成，书名为《脱影奇观》，书稿共4卷，分别名为《元》《贞》《利》《亨》。第二年4月，《中西闻见录》第九号（第9期）刊载了德贞博士为《脱影奇观》所作的序的全文，并对《脱影奇观》已正式交付刻印，不久即可面市做了预告（图045）。同期还发表了德贞博士所作的图文并茂、详细讲解用于影像放映的新式教学用具的专文《镜影灯说并图》。当月，《中西闻见录》第十号（第10期）继续发表德贞博士以讲解镜影灯为内容的文章《养气石精之光并图》，共配6幅插图。6月，《中西闻见录》第十一号（第11期）发表德贞博士撰写的《二气灯之光镜影灯续稿并图》，用图10幅，除对如何获得高亮度光源以便在放映时实现高清晰放映画面的方法详加说明外，还介绍了在镜影灯放映过程中，使用余晖效应（即视觉暂留现象）可以令观众看到活动影像效果的知识。笔者通过图045至图052，为读者诸君详细展示了相关内容。其原因在于，这是目前我们能看到的涉及中国电影前史、中国电影前学、中国电化教育学（含中国教育技术学）、中国电化教育史（含中国教育技术史）、中国视觉教育学、中国视觉教育史、中国现代传播学、中国现代传播史的资料中，见之于中文学报最早的、较为翔实清晰的内容。

图045 《中西闻见录》第九号（第9期）的目录页，可见"镜影灯说并图"字样，还可见"脱影奇观之原序"以及"此书业已发刻不日即出而问世"字样

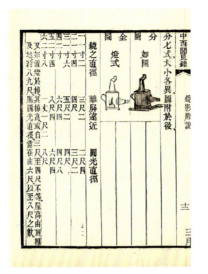

图046 在《镜影灯说并图》一文中，可见当时中文称为"镜影灯"的早期幻灯机的外观与横剖面图。从剖面图中我们可以看到当时的幻灯机是用燃烧的火焰作为光源的。图中看似很小的镜影灯，实物高近2米，上方细一些的部分是排烟用的烟筒

图050 "第三图"中，两台镜影灯并列，台面下固定了一个摇柄，连接两块挡板，分别可遮挡镜影灯的两个放映镜头。通过人为操控摇柄，可使其中一个放映镜头被遮挡时，另一个不被遮挡。若两台镜影灯分别同时放映图052的"第八图"——马抬头和马低头吃草的画面，此时，由于视觉暂留（余晖效应），观看者会产生"抬着头的马又低头吃草了"这种动起来的感觉

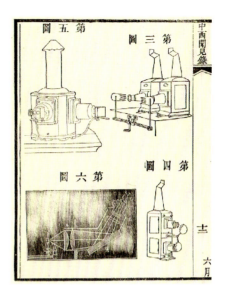

图047 《中西闻见录》第十号（第10期）的目录页，可见德贞博士所著的文章《养气石精之光并图》

图048 《中西闻见录》第十号（第10期）第18折页，可见德贞博士所著的文章《养气石精之光镜影灯续稿》*的内容

图049 《中西闻见录》第十号（第10期）第20折页《养气石精之光》一文的附图页，可见6幅讲解制备"石精气"（可燃气体）与"养气"（即氧气），并将其汇集在镜影灯光源箱内燃烧以产生较强光源供放映的示意图。以现在的视角来看，即将氧气加入可燃气体中以支持燃烧，进而产生较强光源用于放映

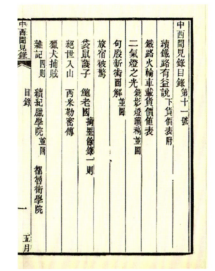

图051 《中西闻见录》第十一号（第11期）的目录页，可见德贞博士所著的文章《二气灯之光镜影灯续稿并图》

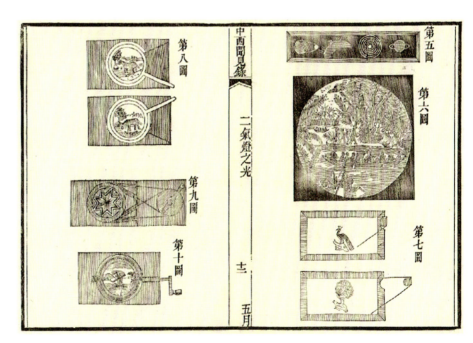

图052 《中西闻见录》第十一号（第11期）的附图页。"第八图"中一上一下的两匹马，一匹抬着头，一匹在低头吃草。若两台镜影灯先后将两幅图连续反复放映在同一银幕上，由于视觉暂留（余晖效应），观看者会感到银幕上的马不停地在抬头与低头，好像动起来了。其他各图展示了各种通过摇柄操控的可交替放映的镜影灯，凭借这些工具，观看者的大脑中会产生银幕上的影像是活动的感觉

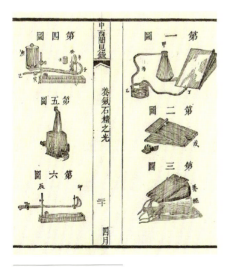

---

* 即图047中的《养气石精之光并图》一文，此处疑为印刷失误。图中左侧可见其标注为《养气石精之光》，同理。这种现象也出现于图049中。

在视觉教育学和电影前学的领域中，幻灯和电影在本体层面的分野，即幻灯为观看者提供的视觉影像，仅能令人感受到静止的视觉效果，而电影则能令人感受到活动的视觉效果。

那么，皮影戏和电影在本体层面的分野呢？在观看皮影戏时，观看者得到的活动的视觉感受不需要视觉暂留（余晖效应）的参与；而在观看电影时，想要获得活动的视觉感受，必须有视觉暂留（余晖效应）的参与。因此，从运用技术的方法上看，利用观看者视觉神经系统中的视觉暂留（余晖效应），使其在观看时得到活动的视觉感受，这就是电影。

《中西闻见录》第十二号（第12期）中，德贞博士所著的文章《镜影灯续稿并图》中，对"显微镜影灯""万花镜影灯""幻化镜影灯""三楞析光幻化镜影灯""二气阴阳灯""巫觋幻化之灯"做了较详细的、图文并茂的讲解。

学者孙隋心慈在给年少的笔者讲解视觉暂留（余晖效应）时，曾翻出《中西闻见录》第十二号（第12期）中的这一段落，对笔者讲："这是多年来我看到过的，用中文对视觉暂留现象的学理所做的最精准、最明确、最生动的讲解。"

德贞博士从电影本体认知的角度判断，"幻化镜影灯""三楞析光幻化镜影灯"等都是利用视觉暂留（余晖效应）为观看者提供活动视觉感受的放映器材。这是电影正式诞生的前夜，是从科学到技术到学理的最后准备阶段，学者孙熹圣称之为"电影前学期"。

图055 清光绪二十四年（1898）版《光学揭要》

图056 清光绪二十五年（1899）版《光学揭要》

图057和图058 赫士博士在为清光绪二十四年（1898）版《光学揭要》所作序言中明确，这部教科书的内容为"累年所讲习集腋成裘"而成

图053 《中西闻见录》第十二号（第12期）的目录页，可见第6列德贞博士所著的文章《镜影灯续稿并图》标题下有"万花镜影灯""幻化镜影灯""三楞析光幻化灯影""二气阴阳灯""巫觋幻化之灯"字样

图054 以下是《中西闻见录》第十二号（第12期）第10折页，德贞博士所著的文章《镜影灯续稿并图》的文字影印节录："……多设其灯愈妙。务令众采灯之光撮合，映射在一框之上。总在施巧者，递变其幻化，至于影分四季，可令寒暑迭更、昼夜互变，明晦阴晴，风云顿改，令人见之，应变无穷，足以豁观者之心目耳。"

清光绪二十年（1894），赫士（Wastson Mcmillen Hayes）博士和弟子朱葆琛在山东登州文会馆共同完成了我国高等教育第一部独立的中文版本的光学教科书《光学揭要》，该书分别于清光绪二十二年（1896）、清光绪二十四年（1898）、清光绪二十五年（1899）再版。《光学揭要》从"论眼""论光"开始叙述，到"映画镜"、"映画幕"、"射影灯"、"照像器"、"日显微镜"（运用日光进行显微放映）、"电显微镜"（运用电光源进行显微放映）、"然根光（X光）成影与放映"等，不仅把放映术从长期使用燃烧火焰为光源的时代带入电光源时代，而且初步构建起了电影前学的学科体系，把我国光学教育与视觉教育的水平带入电影前学时代，为电影在我国高等教育领域中的出现，从学理、师资、教学器材、教育界和文化界的心理接受层面做了初步准备，也为摄影、电影和光学在我国高校校园里被广泛接受打下了最初的基础。

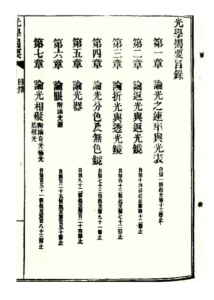

图059 清光绪二十五年（1899）版《光学揭要》目录页第一页，可见"第五章论光器""第六章论眼附论光源""第七章论光相碍附论奇光极光然根光"字样。其中的"然根光"，即现在的X光

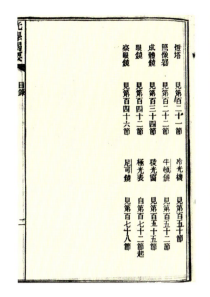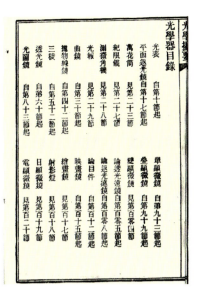

图060和图061　清光绪二十五年（1899）版《光学揭要》"光学器目录"页，可见"映画镜""绘画镜""射影灯""日显微镜""电显微镜""照相器"等丰富的内容

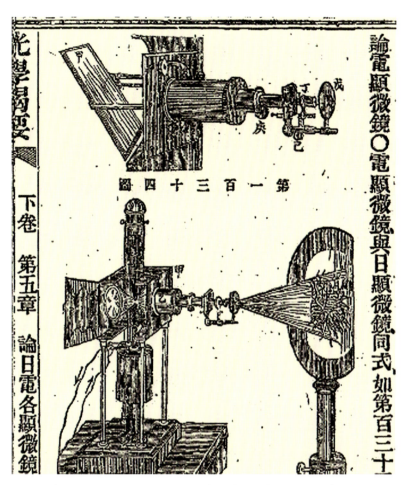

图064　清光绪二十四年（1898）版《光学揭要》下卷第五章《论日电各显微镜》影印截图。图中，上方为第一百三十四图，内容是名叫"日显微镜"的工具的外观。它工作时可供多人同时观看，不仅便于教师一边放映一边向学生讲解，而且便于学生及时提问与讨论。下方则为名叫"电显微镜"的工具的工作原理，即利用电能转换出的强光，把放大后的显微镜中的标本影像投射到银幕上。这种高倍放大的影像可以是静止的，也可以是活动的，例如正在分裂中的细胞，放映到银幕上的影像便也是活动的

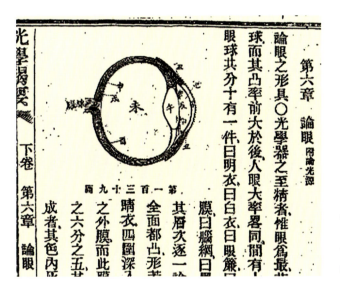

图062　清光绪二十五年（1899）版《光学揭要》下卷第六章《论眼附论光源》影印截图

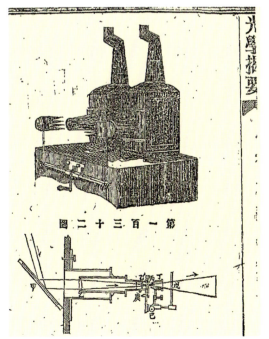

图063　清光绪二十四年（1898）版《光学揭要》第一百三十二图。图中上方的器物名叫"射影灯"，在《中西闻见录》和《脱影奇观》等德贞博士所著的作品中被称为"幻化镜影灯"，通过摇动操控灯前面的摇柄，观看者会感受到视觉影像在活动。此图中的射影灯和图034《格物入门》中的射影灯已经有了构造上的不同。图中下方是名为"日显微镜"的工具的构造与功能剖面图，展示了其使用日光进行显微放映的工作原理。如果细胞标本是活体的，观看者便可以在银幕上看到其活动的影像

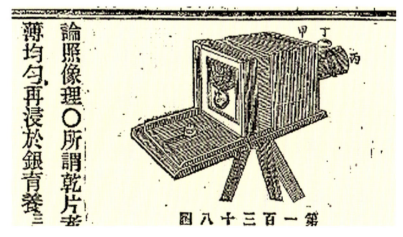

图065　清光绪二十四年（1898）版《光学揭要》下卷第五章第一百三十八图。图中这种没有快门、固定光圈的早期照相机，和詹天佑拍摄《京张路工撮影》时所使用的照相机，是同时代的产物

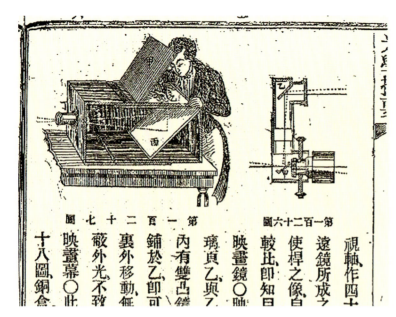

相信各位读者通过阅读以上内容，对于清光绪三十一年（1905）詹天佑开始作为总工程司领导京张铁路修筑和后来组织《京张路工撮影》拍摄时，中华大地上摄影术的基本情况有了一个大概的了解，也对摄影术之后的发展有了概念。基于这样的认识，再回头看本书，面对这些拍摄于110余年前的极为精彩的照片时，就不会感到过于吃惊了。

通过本书的全部照片，不仅可以了解京张铁路施工期间与通车时较详细的情况，还可以很清晰地看到我国大产业工人群体诞生初期实实在在的样貌，更可以清晰地感受到，我国最早的成规模的纪实摄影作品，已经能带给观者审美的享受。

图066　清光绪二十四年（1898）版《光学揭要》下卷第五章第一百二十七图，介绍的是映画镜的外观、剖面及其工作原理

当时，我国的电影和播音高等教育的相关课程是由教育部直接领导开设，并由设置在教育部内的电影教育委员会和播音教育委员会两个委员会共同管理的。这两个委员会在教育部内隶属于社会教育司，由当时的司长陈礼江亲自负责。陈礼江为管理方便，将两个委员会合并，简称为"电化教育委员会"。当时的电化教育委员会管理的是全国的电影教育和播音教育，此时的电化教育与1950年成立的中央电化教育处所管理的电化教育在学术内涵与内容上有较大差异。1952年，全国高校院系调整之后，教育部领导的全部高校中均未开设电影教育相关课程，原来设置在电影教育下的电影光学、摄影光学课程也随之取消。近年来，随着学科的发展，这些课程又重新进入了高校校园，通过与其他学科的交叉融合，在新时代焕发出新的生命力。

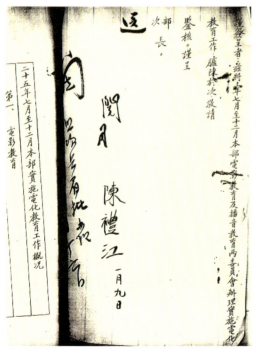

图067　这一份影印的文献，是1936年，当时的教育部社会教育司司长陈礼江向教育部部长、次长（副部长）报告有关教育部直接组织实施的电影教育与播音教育在我国的正式创建工作的呈文的第一页全页和第二页两行的内容。影印件中可见教育部部长、次长的亲笔签批。据孙明经老师教导，此文件为中国电影和播音高等教育正式诞生的里程碑。

该文件上可见"兹将上年七月至十二月本部（即教育部）电影教育及播音教育两委员会办理实施电化教育工作"及教育部部长签批的"照次长眉批办理"字样。这份文献的原件现存于南京第二历史档案馆孙明经案卷内